JN115942

二宮翁夜話目次

巻之一

卷之二

卷之三

卷之四

卷之五

自跋

殘篇

二宮翁夜話自序

おのれ翁のみもとにありしこと七年なれば、折にふれ、事にふれ、翁の論說教訓をきゝたること、いと多かり。されど、洪なる鐘も、ちいさきしもともて、うちたらんには、その響かすかなるを、いかにかはせむ。そのうへに、おのが耳は、世に云ふ、みそこし耳にしあなれば、道の心の深遠なる甘味なるは、皆もれさりて、殘れるは、かすのみなり。かゝるかすを書き殘すは、道をまどはする恐なきにあらねば、たえて人には見せざりしかど、本年は六十一にしなりぬれば、のこる齢も多からじ、せめて書き淸めてだにとて、艸稿したるを、親しき人達、櫻木に物せよと、いひすゝむれど、もとより才なく力なく、ことに文かく業にうとければといなめど、中々に其打聞きのまゝにて、かざらずつくろはぬ俗文こそよからめと、せめてやまず。今はいなむことばなくて、かくは世にひろむる事となりぬる、故よしを一言そふるになむ。

ふくすみまさえしるす。

二宮翁夜話

巻之一

【一】

翁曰く、夫れ誠の道は、學ばずしておのづから知り、習はずしておのづから覺へ、書籍もなく、記錄もなく、師匠もなく、而して人々自得して忘れず、是ぞ誠の道の本體なる。渇して飲み、飢ゑて食ひ、勞れていね、さめて起く、皆此の類なり。古歌に「水鳥のゆくもかへるも跡たえてされども道は忘れざりけり」といへるが如し。夫れ記錄もなく、書籍もなく、學ばず習はずして、明らかなる道にあらざれば誠の道にあらざるなり。夫れ我が教へは書籍を尊まず。故に天地を以つて經文とす。予が歌に「音もなくかもなく常に天地は書かざる經をくりかへしつゝ」とよめり。此のごとく日々繰返し〳〵て、しめさるゝ天地の經文に、誠の道は明らかなり。掛る尊き天地の經文を外にして、書籍の上に道を求むる、學者輩の論說は取らざるなり。能々目を開きて、天地の經文を拜見し、之を誠にするの道を尋ぬべきなり。夫れ世界橫の平は水面を至れりとす。竪の直は、垂針を至れりとす。凡そ此の如き萬古動かぬ物あればこそ、地球の測量も出來るなれ。是を外にして測量の術あらむや。曆道の表を立てゝ景を測るの法、算術の九々の如き、皆自然の規にして萬古不易の物なり。此の物によりてこそ、天文も考ふべく曆法をも算すべけれ。此の物を外にせば、いかなる智者といへども、術を施すに方なからん。夫れ我が道も又然り。天言いはず、而して、四時行はれ百物成る處の、不書の經文、不言の敎戒、則ち米を蒔けば米がはえ、麥を蒔けば麥の實法るが如き、萬古不易の道理により、誠の道に基きて、之を誠にするの勤をなすべきなり。

【三】

翁曰く、夫れ世界は、旋轉してやまず、寒往けば暑來り、暑往けば寒來り、夜明ければ晝となり、晝になれば夜となり、又萬物生ずれば滅し、滅すれば生ず。譬へば錢を遣れば品が來り、品を遣れば錢が來るに同じ。寢ても覺ても、居ても歩行ても昨日は今日になり今日は明日になる。田畑も海山も皆その通り、爰にて薪をたきへらすほどは、山林にて生木し、爰で喰ひへらす丈の穀物は、田畑にて生育す。野菜にても、魚類にても、世の中にて減るほどは、田畑河海山林にて、生育し、生れたる子は、時々刻々年がより、築きたる堤は時々刻々に崩れ、堀りたる堀は日々夜々に埋まり、葺きたる屋根は、日々夜々に腐る。是れ卽ち天理の常なり。然るに人道は是と異なり。如何となれば。風雨定めなく、寒暑往來する此の世界に、羽毛なく鱗介なく、裸體にて生れ出で、家がなければ雨露が凌がれず、衣服がなければ寒暑が凌がれず。爰に於て、人道と云ふ物を立て、米を善とし、莠を惡とし、家を造るを善とし、破るを惡とす。皆人の爲に立てたる道なり。依て人道と云ふ。天理より見る時は善惡はなし。其の證には、天理に任する時は、皆荒地となりて、開闢のむかしに歸るなり。如何となれば、是則ち天理自然の道なればなり。夫れ天に善惡なし。故に稻と莠とを分たず、種ある者は皆生育せしめ、生氣ある者は皆發生せしむ。人道はその天理に順ふといへども、其の内に各區別をなし、稗莠を惡とし、米麥を善とするが如き、皆人の身に便なるを善とし、不便なるを惡となす。爰に到りては天理と異なり。如何となれば人道は人の立つる處なればなり。人道は譬へば料理物の如く、三倍酢の如く、歷代の聖主賢臣料理し鹽梅して拵らへたる物なり。されば、ともすれば、破れんとす。故に政を立て、教を立て、刑法を定め、禮法を制し、やかましくうるさく、世話をやきて、漸く人道は立つなり。然るを天理自然の道と思ふは、大なる誤なり、能く思ふべし。

【三】

翁曰く、夫れ人道は譬へば、水車の如し。其の形半分は水流に順ひ、半分は水流に逆ふて輪廻す。丸に水中に入れば廻らずして流るべし。又水を離るれば廻る事あるべからず。夫れ佛家に所謂知識の如く、世を離れ欲を捨てたるは、譬へば水車の水を離れたるが如し。又凡俗の教義も聞かず、義務もしらず、私欲一偏に著するは、水車を丸に水中に沈めたるが如し。共に社會の用をなさず。故に人道は中庸を尊む。

水車の中庸は、宜しき程に水中に入りて、半分は水に順ひ、半分は流水に逆昇りて、運轉滯らざるにあり。人の道もその如く、天理に順ひて種を蒔き、天理に逆ふて艸を取り、欲に隨ひて家業を勵み、欲を制して義務を思ふべきなり。

【四】

翁曰く、夫れ人道は人造なり。されば自然に行はるゝ處の天理とは格別なり。天理とは春生じ秋は枯れ、火は燥けるに付き、水は卑きに流る。晝夜運動して萬古易らざる是なり。人道は日々夜々人力を盡し、保護して成る。故に天道の自然に任すれば、忽に廢れて行はれず。故に人道は、情欲の儘にする時は、立たざるなり。譬へば漫々たる海上道なきが如きも、船道を定め是によらざれば、岩にふるゝなり、道路も同じく、己が思ふ儘にゆく時は突當り、言語も同じく、思ふまゝに言葉を發する時は、忽ち爭ひを生ずるなり。是に仍て人道は、欲を押へ情を制し勤めくて成る物なり。夫れ美食美服を欲するは天性の自然、是をため是を忍びて家產の分內に隨はしむ。身體の安逸奢侈を願ふも又同じ。好む處の酒を控へ、安逸を戒しめ、欲する處の美食美服を押へ、分限の內を省いて有餘を生じ、他に讓り向來に讓るべし。是を人道といふなり。

【五】

翁曰く、夫れ人の賤む處の畜道は天理自然の道なり。尊む處の人道は、天理に順ふといへども又作爲の道にして自然にあらず。如何となれば、雨にはぬれ日には照られ風には吹かれ、春は靑艸を喰ひ秋は木の實を喰ひ、有れば飽くまで喰ひ無き時は喰はずに居る。是自然の道にあらずして何ぞ。居宅を作りて風雨を凌ぎ、藏を作りて米粟を貯へ、衣服を製して寒暑を障へ、四時共に米を喰ふが如き、是れ作爲の道にあらずして何ぞ。自然の道にあらざる明かなり。夫れ自然の道は、萬古廢れず。作爲の道は怠れば廢る。然るに其の人作の道を誤つて、天理自然の道と思ふが故に、願ふ事成らず思ふ事叶はず、終に我世は憂世なりなどゝいふに至る。夫れ人道は荒々たる原野の內、土地肥饒にして艸木茂生する處を田畑となし、是には草の生ぜぬ樣にと願ひ、土性瘠薄にして艸木繁茂せざる地を秣場となして、此處には艸の繁茂せん事を願ふが如し。是を以て、人道は作爲の道にして、自然の道にあらず。遠く隔りたる所の理を見るべきなり。

【六】

翁曰く、天理と人道との差別を、能く辨別する人少し。夫れ人身あれば欲あるは則ち天理なり。田畑へ草の生ずるに同じ。堤は崩れ堀は埋り橋は朽る、是れ則ち天理なり、然れば、人道は私欲を制するを道とし、田畑の草をさるを道とし、堤は築立て、堀はさらひ、橋は掛替るを以て道とす。此の如く、天理と人道とは、格別の物なるが故に、天理は萬古變ぜず、人道は一日怠れば忽ちに廢す。されば人道は勤むるを以て尊しとし、自然に任ずるを尊ばず。夫れ人道の勤むべきは、己に克つの教へなり。己は私慾なり。私慾は田畑に譬へれば草なり。克つとは、此の田畑に生ずる草を取り捨つるを云ふ。己に克つは、我心の田畑に生ずる草をけずり捨て、とり捨て、我心の米麥を、繁茂さする務めなり。是を人道といふ。論語に己に克つて禮に復るとあるは此の勤めなり。

【七】

翁常に曰く、人界に居て家根のもるを坐視し、道路の破損を傍觀し、橋の朽ちたるをも憂へざる者は、則ち人道の罪人なり。

【八】

翁曰く、世の中に誠の大道は只一筋なり。神といひ儒といひ佛といふ。皆同じく大道に入るべき入口の名なり。或は天台といひ、眞言といひ、法華といひ禪と云ふも同じく入口の小路の名なり。夫れ何の教へ何の宗旨といふが如きは、譬へば爰に清水あり、此の水にて藍を解きて染むるを、紺やと云ひ、此の水にて紫をときて染むるを紫やといふが如し。其の元は一つの清水なり。紫屋にては我が紫の妙なる事、天下の反物染むる物として紫ならざるはなしとほこり、紺屋にては我が藍の徳たる洪大無邊なり、故に一度此の瓶に入れば、物として紺とならざるはなしと云ふが如し、夫が爲に染められたる紺や宗の人は、我が宗の藍より外に、有難き物はなしと思ひ、紫宗の者は、我が宗の紫ほど尊き物はなしと云ふに同じ、是皆所謂三界城内を、躊躇して出づる事あたはざる者なり。夫れ紫も藍も、大地に打こぼす時は、又元の如く、紫も藍も皆脱して、本然の淸水に歸るなり。そのごとく神儒佛を初め、心學性學等枚擧に暇あらざるも、皆大道の入口の名なり。此の入口幾箇あるも至る處は必ず一の誠の道なり、是を別々に道ありと思ふは迷ひなり。別々なりと敎ふるは邪說なり。譬へば不士山に登るが如し。先達に依りて吉田より登るあり、須走より登るあり須山より登るありといへども、其の登る處の絕頂に至れば一つなり。斯の如くならざれば眞の大道と云ふべからず。されども誠の道に導くと云ひて、誠の道に至らず、無益の枝道に引き入るを、是を邪敎と云ふ、誠の道に入らんとして、邪說に欺れて、枝道に入り、又自ら迷ひて邪路に陷るもの世の中少からず。愼まずばあるべからず。

【九】

越後國の產にて、笠井龜藏と云ふ者あり。故ありて翁の僕たり。翁諭して曰く、汝は越後の產なり。越後は上國と聞けり。如何なれば上國を去りて、他國に來れるや。龜藏曰く、上國にあらず、田畑高價にして田德少し、江戶は大都會なれば、金を得る容易ならんと思ふて江戶に出づと、翁曰く、汝過てり。夫れ越後は土地沃饒なるが故に、食物多し、食物多きが故に、人員多し、人員多きが故に、田畑高價なり、田畑高價なるが故に、薄利なり、然るを田德少しと云ふ、少きにあらず田德の多きなり。田德多く、土德尊きが故に田畑高價なるを下國と見て生國を捨て、他邦に流浪するは、大なる過ちなり、過ちとしらば、速かにその過ちを改めて、歸國すべし。越後にひとしき上國は、他に少し、然るを下國と見しは過ちなり。是を今日、暑氣の時節に譬へば、蚯蚓土中炎熱に堪へ兼ねて、土中甚だ熱し、土中の外に出でなば涼しき處あるべし、土中に居るは愚なりと考へ、地上に出でて照り付けられ死するに同じ。夫れ蚯蚓は土中に居るべき性質にして土中に居るが天の分なり、然れば何程熱しとも、外を願はず、我が本性に隨ひ、土中に潛みさへすれば無事安穩なるに、心得違ひして、地上に出でたるが運のつき、迷より禍を招きしなり。夫れ汝もその如く、越後の上國に生れ、田德少し、江戶に出でなば、金を得る事いと易からんと、思ひ違ひ、自國を捨てたるが迷の元にして、みづから災を招きしなり。然れば今日過ちを改めて速かに國に歸り、小を積んで大をなすの道を、勤むるの外あるべからず。心誠に爰に至らば、おのづから、安堵の地を得る必定なり、猶迷ひて江戸に流浪せば、詰りは蚯蚓の、土中をはなれて地上に出でたると同じかるべし。能く此の理を悟り過ちを悔い能く改めて、安堵の地を求めよ。然らざれば今千金を與ふるとも、無益なるべし。我が言ふ所必ず違はじ。

【十】

翁曰く、親の子における、農の田畑に於ける、我が道に同じ。親の子を育つる無頼となるといへども、養育料を如何せん。農の田を作る、凶歲なれば、肥代も仕付料も皆損なり。夫れ此の道を行はんと欲する者は此の理を辧ふべし。吾始めて、小田原より下野の物井の陣屋に至る。己が家を潰して、四千石の興復一途に身を委ねたり。是れ則ち此の道理に基けるなり。夫れ釋氏は、生者必滅の理を悟り、此の理を擴充して自ら家を捨て、妻子を捨て今日の如き道を弘めたり。只此の一理を悟るのみ。夫れ人、生れ出でたる以上は死する事のあるは必定なり。長生といへど、百年を越ゆるは稀なり、限りのしれたる事なり、夭と云ふも壽と云ふも、實は毛弗の論なり。譬へば蠟燭に大中小あるに同じ、大蠟といへども、火の付きたる以上は、四時間か五時間なるべし。然れば人と生れ出でたるうへは、必ず死する物と覺悟をする時は、一日活きれば則ち一日の儲、一年活きれば一年の益なり。故に本來我が身もなき物、我が家もなき物と覺悟すれば跡は百事百般皆儲なり。予が歌に、「かりの身を元のあるじに貸し渡し民安かれと願ふ此の身ぞ」。夫れ此の世は我れ人ともに僅かの間の假の世なれば、此の身は、かりの身なる事明らかなり、元のあるじとは天を云ふ。このかりの身を我が身と思はず、生涯一途に、世のため人のためのみを思ひ國のため天下の爲に、益ある事のみを勤め、一人たりとも一家たりとも一村たりとも、困窮を免れ富有になり、土地開け道橋整ひ安穩に渡世の出來るやうにと、夫のみを日々の勤めとし、朝夕願ひ祈りて、おこたらざる我が此の身である、といふ心にてよめる也。是我が畢世の覺悟なり。我が道を行はんと思ふ者はしらずんばあるべからず。

【十二】

儒學者あり、曰く、孟子は易し中庸は難しと。翁曰く、予文字上の事はしらずといへども、是を實地正業に移して考ふる時は、孟子は難し中庸は易し。いかんとなれば、夫れ孟子の時道行はれず、異端の說盛んなり、故に其の辯明を勤めて道を開きしのみ。故に仁義を說いて仁義に遠し。卿等孟子を易しとし、孟子を好むは、己が心に合ふが故なり。卿等が學問をするの心、仁義を行はんが爲めに學ぶにあらず、道を踏まんが爲めに修行せしにあらず、只書物上の議論に勝ちさへすれば、夫れにて學問の道は足れりとせり。議論達者にして人を言ひ伏すれば、夫れにて儒者の勤めは立つと思へり。夫れ聖人の道、豈然る物ならんや。聖人の道は仁を勤むるにあり、五倫五常を行ふにあり、何ぞ辯を以て人に勝つを道とせんや、人を言ひ伏するを以て勤めとせんや。孟子は則ち是なり。此の如きを聖人の道とする時は甚だ難道なり、容易になし難し。故に孟子は難しといふなり。夫れ中庸は通常平易の道にして、一歩より二歩三歩とゆくが如く、近きより遠きに及び卑きより高きに登り、小より大に至るの道にして、誠に行ひ易し。譬へば百石の身代の者、勤儉に勤め、五十石にて暮し、五十石を譲りて、國益を勤むるは、誠に行ひ易し。愚夫愚婦にも出來ざる事なし。此の道を行へば、學ばずして、仁なり義なり忠なり孝なり、神の道聖人の道、一擧にして行はるべし。至つて行ひ易き道なり。故に中庸といひしなり。予人に教ふるに、吾が道は分限を守るを以て本とし、分内を譲るを以て仁となすと教ゆ。豈中庸にして行ひ易き道にあらずや。

【十二】

翁曰く、道の行はるゝや難し、道の行はれざるや久し。その才ありといへども、その力なき時は行はれず。其の才その力ありといへども、其の徳なければ又行はれず、其の徳ありといへども、その位なき時は又行はれず。然れども是は是れ大道を國天下に行ふの事なり。その難き勿論なり。然れば何ぞ此の人なきを憂へんや、何ぞ其の位なきを憂へんや。茄子をならするは茄子作り能くすべし、馬を肥すは馬士能くすべし、一家を齊ふるは亭主能くすべし、或は兄弟親戚相結んで行ひ、或は朋友同志相結んで行ふべし。人々此の道を盡し家々此の道を行ひ、村々此の道を行はゞ、豈國家興復せざる事あらんや。

【十三】

翁曰く、世の中に事なしといへども、變なき事あたはず、是れ恐るべきの第一なり。變ありといへども、是を補ふの道あれば、變なきが如し。變ありて是を補ふ事あたはざれば、大變に至る。古語に三年の貯蓄なければ、國にあらずと云へり、兵隊ありといへども、武具軍用備らざればすべきやうなし。只國のみにあらず、家も又然り。夫れ萬の事有餘無ければ、必ず差支へ出來て家を保つ事能はず。然るをいはんや、國天下をや、人は云ふ我が教へ、儉約を專らにすと。儉約を專らとするにあらず、變に備へんが爲なり、人は云ふ我が道、積財を勤むと。積財を勤むるにあらず、世を救ひ世を開かんが爲めなり。古語に飲食を薄うして、孝を鬼神に致し、服を惡うして、美を黻冕に致し、宮室を卑うして、力を溝洫に盡すと。能々此の理を玩味せば、吝か儉か辯を待たずして明かなるべし。

【十四】

翁曰く、大事をなさんと欲せば、小さなる事を、怠らず勤むべし。小積りて大となればなり。凡そ小人の常、大なる事を欲して、小さなる事を怠り、出來難き事を憂ひて、出來易き事を勤めず。夫れ故、終に大なる事をなす事あたはず。夫れ大は小の積んで大となる事を知らぬ故なり、譬へば百萬石の米と雖も、粒の大なるにあらず、萬町の田を耕すも、其の業は一鍬づゝの功にあり、千里の道も一歩づゝ歩みて至る、山を作るも一卜簣の土よりなる事を明かに辨へて、勵精小さなる事を勤めば、大なる事必ずなるべし。小さなる事を忽せにする者、大なる事は必ず出來ぬものなり。

【十五】

翁曰く、萬卷の書物ありといへども、無學の者に詮なし。隣家に金貸しありといへども、我に借る力なきを如何せん。向ひに米屋ありといへども、錢なければ買ふ事はならぬなり。されば書物を讀まんと思はゞ、いろはより習ひ初むべし。家を興さんと思はば小より積み初むべし。此の外に術はあらざるなり。

【十六】

翁曰く、多く稼いで、錢を少く遣ひ、多く薪を取つて焚く事は少くする、是を富國の大本、富國の達道といふ。然るを世の人是を吝嗇といひ、又强欲と云ふ、是れ心得違ひなり。夫れ人道は自然に反して、勤めて立つ處の道なれば貯蓄を尊ぶが故なり。夫れ貯蓄は今年の物を來年に讓る、一つの讓道なり、親の身代を子に讓るも、則ち貯蓄の法に基ひするものなり、貯蓄は言ひもてゆけば人道の一法のみ、故に是を富國の大本、富國の達道と云ふなり。

【十七】

翁曰く、米は多く藏につんで少しづゝ炊き、薪は多く小屋に積んで焚く事は成る丈少くし、衣服は着らるゝやうに拵らへて、なる丈着ずして仕舞ひおくこそ、家を富ますの術なれ、則ち國家經濟の根元なり、天下を富有にするの大道も、其の實この外にはあらぬなり。

【十八】

翁宇津氏の邸内に寓す。邸内稻荷社の祭禮に大神樂來りて、建物の戲藝をせり。翁是を見て曰く、凡そ事此の術の如くなさば、百事成らざる事あらざるべし。其の場に出づるや少しも噪がず、先づ體を定めて、兩眼を見澄して、棹の先に注し、脇目も觸らず、一心に見詰め、器械の動搖を心と腰に受け、手は笛を吹き扇を取つて舞ひ、足は三番叟の拍子を蹈むといへども、其のゆがみを見留めて、腰にて差引す、其の術至れり盡せり、手は舞ふといへども手のみにして體に及ばず、足は蹈むといへども、足のみにして腰に及ばず、舞ふも躍るも兩眼は急度見詰め、心を鎭め、體を定めたる事、大學論語の眞理、聖人の祕訣、此の一曲の中に備れり。然るを之を見る者、聖人の道と懸隔すと見て、此の大神樂の術を賤しむ、儒生の如き、何ぞ國家の用に立たんや。嗚呼術は恐るべし、綱渡りが綱の上に起臥して落ちざるも又、之に同じ、能く思ふべき事なり。

【十九】

翁曰く、松明盡きて、手に火の近付く時は速かに捨つべし、火事あり危き時は荷物は捨てて逃出すべし、大風にて船くつがへらんとせば、上荷を刎ぬべし、甚しき時は帆柱をも伐るべし、此の理を知らざるを至愚といふ。

【二十】

川久保民次郎と云ふ者あり、翁の親戚なれども、貧にして翁の僕たり、國に歸らんとして暇を乞ふ。翁曰く、夫れ空腹なる時、他にゆきて一飯をたまはれ、予庭をはかんと云ふとも、決して一飯を振舞ふ者あるべからず、空腹をこらへてまづ庭をはかば或は一飯にありつく事あるべし、是れ己を捨てて人に隨ふの道にして百事行はれ難き時に、立至るも行はるべき道なり。我若年初めて家を持ちし時、一枚の鍬損じたり、隣家に行きて鍬をかし呉れよといふ、隣翁曰く、今此の畑を耕し菜を蒔かんとする處なり、蒔き終らざれば貸し難しといへり。我が家に歸るも別に爲すべき業なし、予此の畑を耕して進ずべしと云ひて耕し、菜の種を出されよ、序に蒔きて進ぜんと云ひて、耕し且蒔きて、後に鍬をかりし事あり。隣翁曰く、鍬に限らず何にても差支の事あらば・遠慮なく申されよ、必ず用達すべしといへる事ありき。斯の如くすれば、百事差支なきものなり。汝國に歸り、新に一家を持たば、必ず此の心得あるべし。夫れ汝未だ壯年なり、終夜いねざるも障りなかるべし、夜々寢る暇を勵し、勤めて、草鞋一足或は二足を作り、明日開拓場に持ち出し、草鞋の切れ破れたる者に、與へんに、受くる人禮せずといへども、元寢る暇にて作りたるなれば其の分なり、禮を云ふ人あれば、夫れ丈けの德なり、又一錢半錢を以て應ずる者あれば是又夫れ丈の益なり、能く此の理を感銘し、連日おこたらずば、何ぞ志の貫かざる理あらんや、何事か成らざるの理あらんや、われ幼少の時の勤め此の外にあらず、肝に銘じて忘るべからず。又損料を出して、差支の物品を用辨するを甚だ損なりと云ふ人あれど、しからず、夫は事足る人の上の事なり、新に一家を持つ時は百事差支へあり、皆損料にて用辨すべし、世に損料ほど辨理なる物はなし、且安き物はなし、決して損料を高き物、損なる物とおもふ事なかれ。

【三十一】

年若きもの數名居れり。翁喩して曰く、世の中の人を見よ、一錢の柿を買ふにも、二錢の梨子を買ふにも、眞頭の眞直なる瑕のなきを撰りて取るにあらずや。又茶碗を一つ買ふにも、色の好き形の宜きを撰り撫でて見、鳴らして音を聞き、撰りに撰りてとるなり。世人皆然り。柿や梨子は買ふといへども、惡しくば捨てて可なり、夫れさへも此の如し。然れば人に撰ばれて、聟となり嫁となる者、或は仕官して立身を願ふ者、己が身に瑕ありては人の取らぬは勿論の事、その瑕多き身を以て、上に得られねば、上に眼のないなどゝ、上を惡くいひ、人を咎むるは大なる間違ひなり。みづからかへり見よ、必ずおのが身に瑕ある故なるべし。夫れ人身の瑕とは何ぞ。譬ば酒が好だとか、酒の上が惡いとか、放蕩だとか、勝負事が好きだとか、惰弱だとか、無藝だとか、何か一つ二つの瑕あるべし。買手のなき勿論なり。是を柿梨子に譬れば眞頭が曲りて澁そふに見ゆるに同じ、されば人の買はぬも無理ならず、能く勘考すべきなり。古語に内に誠あれば、必ず外に顯はるゝとあり。瑕なくして、眞頭の眞直ぐなる柿の賣れぬと云ふ事あるべからず、夫れ何ほど艸深き中にても、薯蕷があれば、人が直ぐに見附けて捨てはおかず、又泥深き水中に潜伏する、鰻鰌も、必ず人の見付けて捕へる世の中なり。されば内に誠有つて、外にあらはれぬ道理あるべからず。此の道理を能く心得、身に瑕のなき様に心がくべし。

【三十二】

翁曰く、山芋掘は、山芋の蔓を見て、芋の善悪を知り、鰻つりは、泥土の様子を見て、鰻の居る居らざるを知り、良農は草の色を見て、土の肥瘠を知る、みな同じ。所謂至誠神の如しと云ふ物にして、永年刻苦經驗して、發明するものなり、技藝に此の事多し、侮るべからず。

【三十三】

翁多田某に謂ひて曰く、我東照神君の御遺訓と云ふ物を見しに、曰く我れ敵國に生れて、只父祖の仇を報ぜん事の願ひのみなりき、祐誉が教へに依りて、國を安んじ民を救ふの、天理なる事を知りてより、今日に至れり、子孫長く此の志を繼ぐべし、若し相背くに於ては、我が子孫にあらず、民は是れ國の本なればなりとあり。然れば其の許が、遺言すべき處は、我過ちて新金銀引替御用を勤め、自然増長して驕奢に流れ御用の種金を遣ひ込み大借に陷り、身代破滅に及ぶべき處、報徳の方法に因つて、莫大の恩惠を受け、此の如く安穩に、相續する事を得たり、此の報恩には、子孫代々驕奢安逸を嚴に禁じ節儉を盡し身の半を推讓り、世益を心掛け、貧を救ひ、村里を富ます事を、勤むべし、若し此の遺言に背く者は、子孫たりといへども、子孫にあらざる故、速かに放逐すべし、聟嫁は速かに離縁すべし、我が家株田畑は、本來報徳方法の物なればなりと子孫に遺言せば、神君の思召と同一にして、孝なり忠なり仁なり義なり、其の子孫徳川氏の、二代公三代公の如く、その遺言を守らば、其の功業量るべからず、汝が家の繁昌長久も、又限りあるべからず、能々思考せよ。

【三十四】

翁曰く、農にても商にても、富家の子弟は、業として勤むべき事なし、貧家の者は活計の爲に、勤めざるを得ず、且富を願ふが故に、自ら勉强す、富家の子弟は、譬へば山の絶頂に居るが如く、登るべき處なく、前後左右皆眼下なり、是に依つて分外の願を起し、士の眞似をし、大名の眞似をし、增長に增長して、終に滅亡す、天下の富者皆然り。爰に長く富貴を維持し、富貴を保つべきは、只我が道推讓の教へあるのみ。富家の子弟、此の推讓の道を踏まざれば、千百萬の金ありといへども、馬糞茸と何ぞ異らん、夫れ馬糞茸は季候に依つて生じ、幾程もなく腐廢し、世上の用にならず、只徒らに生じて。徒らに滅するのみ、世に富家と呼ばるゝ者にして、如斯なる豈惜しき事ならずや。

【三十五】

翁曰く、百事決定と注意とを肝要とす、如何となれば、何事によらず、百事決定と注意とによりて、事はなる物なり。小事たりといへども、決定する事なく、注意する事なければ、百事悉く破る。夫れ一年は十二月也、然して月々に米實法るにあらず、只初冬一ケ月のみ米實法りて、十二月米を喰ふは、人々しか決定して、しか注意するによる。是によりて是を見れば、二年に一度、三年に一度實法るとも、人々其の通り決定して注意せば、決して差支あるべからず。凡そ物の不足は皆覺悟せざる處に出づるなり、されば人々平日の暮し方、大凡此の位の事にすれば、年末に至つて餘るべしとか、不足すべしとか、しれざる事はなかるべし。是に心付かずうか〳〵と暮して、大晦日に至り始めて驚くは、愚の至り不注意の極りなり。ある飯焚女が曰く、一日に一度づゝ米櫃の米をかき平均して見る時は、米の俄に不足すると云ふ事、決してなしといへり、是れ飯焚女のよき注意なり、此の米櫃をならして見るは、則ち一家の店卸しにおなじ、能々決定して注意すべし。

【三十六】

翁曰く、善惡の論甚だむづかし、本來を論ずれば、善も無し惡もなし、善と云つて分つ故に、惡と云ふ物出來るなり。元人身の私より成れる物にて、人道上の物なり、故に人なければ善惡なし、人ありて後に善惡はある也、故に人は荒蕪を開くを善とし、田畑を荒すを惡となせども、猪鹿の方にては、開拓を惡とし荒すを善とするなるべし、世法盗を悪とすれども、盗中間にては、盗を善とし是を制する者を悪とするならん。然れば如何なる物是れ善ぞ、如何なる物是れ悪ぞ、此の理明辯し難し。此の理の尤も見安きは遠近なり、遠近と云ふも善悪と云ふも理は同じ、譬へば杭二本を作り一本には遠と記し一本には近と記し、此の二本を渡して此の杭を汝が身より、遠き所と近き所と、二所に立つべしと云ひ付くる時は、速かに分る也。予が歌に「見渡せば遠き近きはなかりけりおのれ〳〵が住處にぞある」と此の歌善きもあしきもなかりけりといふ時は、人身に切なる故に分らず、遠近は人身に切ならざるが故によく分る也。工事に曲直を望むも餘り目に近過ぎる時は見えぬ物也、さりとて遠過ぎても又、眼力及ばぬ物なり、古語に遠山木なし、遠海波なし、といへるが如し、故に我が身に疎き遠近に移して諭す也。夫れ遠近は己が居處先づ定りて後に遠近ある也、居處定らざれば遠近必ずなし、大阪遠しといはゞ、關東の人なるべし、關東遠しといはゞ、上方の人なるべし、禍福吉凶是非得失皆是れに同じ、禍福も一つなり、善悪も一つなり得失も一つなり、元一つなる物の半を善とすれば其の半は必ず惡也、然るに其の半に惡なからむ事を願ふ、是れ成難き事を願ふなり、夫れ人生れたるを喜べば、死の悲しみは隨つて離れず、咲きたる花の必ずちるに同じ、生じたる草の必ず枯るるにおなじ、涅槃經に此の譬へあり、或人の家に容貌美麗端正なる婦人入り來る、主人如何なる御人ぞと問ふ、婦人答へて曰く、我は功德天なり、我が至る所、吉祥福德無量なり、主人悅んで請じ入る、婦人曰く、我に隨從の婦一人あり、必ず跡より來る是をも請ずべしと、主人諾す、時に一女來る、容貌醜陋にして至りて見惡し、如何なる人ぞと問ふ、此の女答へて曰く、我は黑闇天なり、我が至る處、不祥災害ある無限なりと、主人是を聞き大いに怒り、速かに歸り去れといへば此の女曰く、前に來れる功德天は我が姉なり、暫くも離るる事あたはず、姉を止めば我をも止めよ、我をいださば姉をも出せと云ふ、主人暫く考へて二人とも出しやりければ、二人連れ立ちて出で行きけり、と云ふ事ありと聞けり、是れ生者必滅會者定離の譬へなり、死生は勿論禍福吉凶、損益得失皆同じ、元禍と福と同體にして一圓なり、吉と凶と兄弟にして一圓也、百事皆同じ、只今も其の通り、通勤する時は、近くてよいといひ、火事だと云ふと遠くてよかりしと云ふ也、是を以てしるべし。

【二十七】

禍福二つあるにあらず、元來一つなり。近く譬ふれば、庖丁を以て茄子を切り、大根を切る時は、福なり、若し指を切る時は禍なり、只柄を持つて物を切ると、誤つて指を切るとの違ひのみ、夫れ柄のみありて刄無ければ、庖丁にあらず、刄ありて柄無ければ、又用をなさず、柄あり刄ありて庖丁なり、柄あり刄あるは庖丁の常なり、然して指を切る時は禍とし、菜を切る時は福とす、されば禍福と云ふも、私物にあらずや、水もまた然り、畔を立てて引けば田地を肥して福なり、畔なくして引くときは、肥土流れて田地やせ、其の禍たるや云ふべからず、只畔有ると畔なきとの違ひのみ、元同一水にして、畔あれば福となり畔なければ禍となる、富は人の欲する處なり、然りといへども、己が爲にするときは禍是に隨ひ、世の爲にする時は福是に隨ふ、財寶も又然り、積んで散ずれば福となり、積んで散ぜざれば禍となる、是人々知らずんばあるべからざる道理なり。

【三十八】

翁曰く、何事にも變通といふ事あり、しらずんばあるべからず、則ち權道なり、夫れ難きを先にするは、聖人の教へなれども、是は先づ仕事を先にして、而して後に賃金を取れと云ふが如き教へなり、爰に農家病人等ありて、耕し耘り手後れなどの時、艸多き處を先にするは世上の常なれど、右樣の時に限りて、草少く至つて手易き畑より手入して、至つて草多き處は、最後にすべし、是尤も大切の事なり。至つて草多く手重の處を、先にする時は、大いに手間取れ、其の間に草少き畑も、皆一面草になりて、何れも手後れになる物なれば、草多く手重き畑は、五畝や八畝は荒すとも儘よと覺悟して暫く捨て置き、草少く手輕なる處より片付くべし、しかせずして手重き處に掛り、時日を費す時は、僅かの畝歩の爲に、總體の田畑、順々手入れ後れて、大なる損となるなり、國家を興復するも又此の理なり、しらずんばあるべからず。又山林を開拓するに、大なる木の根は、其の儘差し置きて、廻りを切り開くべし、而して三四年を經れば、木の根自ら朽ちて力を入れずして取るゝなり、是を開拓の時一時に掘取らんとする時は勞して功少し、百事その如し、村里を興復せんとすれば、必ず反抗する者あり、是を處する又此の理なり、決して拘はるべからず障るべからず、度外に置きてわが勤めを勵むべし。

【二十九】

翁曰く、今日は則ち冬至なり、夜の長き則ち天命なり、夜の長きを憂ひて、短くせんと欲すとも、如何ともすべなし、是を天と云ふ、而して此の行燈の皿に、油の一杯ある、是も又天命なり、此の一皿の油、此の夜の長きを照すにたらず、是又如何ともすべからず、共に天命なれども、人事を以て、燈心を細くする時は、夜半にして消ゆべき燈も、曉に達すべし、是れ人事の盡さゞるべからざる所以なり。譬へば伊勢詣でする者東京より伊勢まで、まづ百里として路用拾圓なれば、上下廿日として、一日五十錢に當る、是れ則ち天命なり、然るを一日に六十錢づゝ遣ふ時は、二圓の不足を生ず、之を四十錢づゝ遣ふ時は貳圓の有餘を生ず、是れ人事を以て天命を伸縮すべき道理の譬へ也。夫れ此の世界は自轉運動の世界なれば、決して一所に止らず、人事の勤惰に仍つて、天命も伸縮すべし、たとへば今朝焚くべき薪なきは、是れ天命なれども、明朝取り來れば則ちあり、今水桶に水の無きも、則ち差當りて天命なり、されども汲み來れば則ちあり、百事此の道理なり。

【三十】

翁常陸國青木村のために、力を盡されし事は、予が兄大澤勇助が、烏山藩の菅谷某と謀りて、起草し、小田某に托し、漢文にせし、青木村興復起事の通りなれば、今贅せず。扨年を經て翁其の近村灰塚村の、興復方法を扱はれし時、青木村、舊年の報恩の爲にとて、冥加人足と唱へ、毎戸一人づゝ、無賃にて勤む、翁是を撿して、後に曰く、今日來り勤むる處の人夫、過半二三男の輩にして、我が往年厚く撫育せし者にあらず、是れ表に報恩の道を餝るといへども、內情如何を知るべからず、されば我此の冥加人足を出せしを悅ばずと、青木村地頭の用人某、是を聞きて我能說諭せんと云ふ、翁是を止めて曰く、是れ道にあらず、縱令內情如何にありとも、彼舊恩を報いん爲とて、無賃にて數十人の人夫を出せり、內情の如何を置いて、稱せずばあるべからず、且薄に應ずるには厚を以てすべし、是れ則ち道なりとて人夫を招き、舊恩の冥加として、遠路出で來り、無賃にて我が業を助くる、其の奇特を懇々賞し、且謝し過分の賃銀を投與して、歸村を命ぜらる、一日を隔て、村民老若を分たず、皆未明より出で來て、終日休せずして働き賃錢を辭して去る、翁又金若干を贈られたり。

【三十二】

翁曰く、一言を聞きても人の勤惰は分る者なり、東京は水さへ錢が出ると云ふは、懶惰者なり、水を賣りても錢が取れるといふは勉强人なり、夜は未だ九時なるに十時だと云ふ者は、寢たがる奴なり、未だ九時前なりと云ふは、勉强心のある奴なり、すべての事、下に目を付け、下に比較する者は、必ず下り向の懶惰者なり、たとへば碁を打つて遊ぶものは酒を飮むよりよろし、酒を呑むは博奕よりよろしと云ふが如し、上に目を付け上に比較する者は、必ず上り向なり、古語に、一言以て知とし一言以て不知とすとあり、うべなるかな。

【三十二】

翁曰く、聖人も聖人にならむとて、聖人になりたるにはあらず、日々夜々天理に隨ひ人道を盡して行ふを、他より稱して聖人といひしなり、堯舜も一心不亂に、親に仕へ人を憐み國の爲に盡せしのみ、然るを他より其の德を稱して、聖人といへるなり、諺に聖人々々といふは、誰が事と思ひしにおらが隣の丘が事かといへる事あり、誠にさる事なり。我昔鳩ケ谷驛を過し時、同驛にて不士講に名高き、三志と云ふ者あれば尋ねしに、三志といひては誰もしるものなし、能々問ひ尋ねしかば夫は横町の手習師匠の庄兵衛が事なるべし、といひし事ありき、是におなじ。

【三十三】

下館侯の寶藏火災ありて、重寶天國の劍燒けたり、官吏城下の富商中村某に謂ひて曰く、如斯燒けたりといへども、當家第一の寶物なり、能く研ぎて白鞘にし、藏に納め置かんと評議せり如何、中村某燒けたる劍を見て曰く、尤もの論なれど無益なり、例令此の劍燒けずとも、如此細し、何の用にか立たん、然かる上に此如燒けたるを、今硏ぎて何の用にかせん、此の儘にて仕舞置くべしと云へり。翁聲を勵して曰く、汝大家の子孫に產れ、祖先の餘光に因りて、格式を賜り、人の上に立ちて、人に敬せらる、汝にして、右樣の事を申すは、大なる過ちなり、汝が敬せらるゝは、太平の恩澤なり、今は太平なり、何ぞ劍の用に立つと立たざるとを論ずる時ならんや。夫れ汝自ら省り見よ、汝が身用に立つと思ふか、汝はこの天國の燒劍と同じく、實は用に立つ者にあらず、只先祖の積德と、家柄と格式とに仍て、用立つ者の如くに見え、人にも敬せらるゝなり、燒身にても細身にても重寶と尊むは、太平の恩澤此の劍の幸福なり、汝を中村氏と、人々敬するは、是又太平の恩德と先祖の餘蔭なり、用立つ用立たざるを論ぜば、汝が如きは捨てて可なり、假令用立たずとも、當家御先祖の重寶、古代の遺物、是を大切にするは、太平の今日至當の理なり、我は此の劍の爲に云ふにあらず、汝がために云ふなり、能々沈思せよ。往時水府公、寺社の梵鐘を取り上げて、大砲に鑄替へ玉ひし事あり、予此の時にも御處置惡きにはあらねども、未だ太平なれば甚だ早し、太平には鐘や手水鉢を鑄て、社寺に納めて、太平を祈らすべし、事あらば速かに取つて大砲となす、誰か異議を云はん、社寺ともに悅んで捧ぐべし、斯して國は保つべきなり。若し敵を見て大砲を造る、所謂盜を捕へて繩を索ふが如しと云はんか、然りといへども尋常の敵を防ぐべき備へは、今日足れり、其の敵の容易ならざるを見て、我が領內の鐘を取つて、大砲を鑄る何ぞ遲からんや、此の時日もなき程ならば、大砲ありといへども、必ず防ぐ事あたはざるべし、と云ひし事ありき。何ぞ太平の時に、亂世の如き論を出さんや、斯の如く用立たざる燒身をも寶とす、況んや用立つべき劍に於てをや、然らば自然宜敷き劍も出で來たらん、されば能く研ぎあげて白鞘にし、元の如く、服紗に包み二重の箱に納めて、重寶とすべし、是れ汝に帶刀を許し格式を與ふるに同じ、能々心得ふべしと、中村某叩頭して謝す、時に九月なり。翌朝中村氏發句を作りて或人に示す、其の句「じり〱と照りつけられて實法る秋」と、ある人是を翁に呈す、翁見て悅喜限りなし。曰く、我昨夜中村を教戒す、定めて不快の念あらんか、怒氣内心に滿たんかと、ひそかに案じたり、然れども家柄と大家とに懼れ、おもねる者のみなれば、しらず〳〵增長して、終に家を保つ事覺束なしと思ひたれば、止むを得ず嚴に敎戒せるなり、然るに怒氣を貯へず、不快の念もなく、虛心平氣に此の句を作る、其の器量按外にして、大度見えたり、此の家の主人たるに耻ぢず、此の家の維持疑ひなし。古語に我を非として當る者は我が師也とあり、且大禹は善言を拜すともあり、汝等も肝銘せよ、夫れ富家の主人は、何を言ふても、御尤〳〵と錆付者のみにて、礪に出合つて研ぎ磨かるゝ事なき故慢心生ずるなり、譬へば爰に正宗の刀ありといへども、研ぐ事なく磨く事なく、錆付く物とのみ一處におかば、忽ち腐れて、紙も切れざるに至るべし、其の如く、三味線引や、太皷持などゝのみ交り居て、夫も御尤、是も御尤と、こび諂ふを悅んで明し暮し、爭友一人のなきは、豈あやふからざらんや。

【三十四】

翁高野某を諭して曰く、物各々命あり數あり、猛火の近づくべからざるも、薪盡きれば火は隨てきゆるなり、矢玉の勢、あたる處必ず破り必ず殺すも、弓勢つき、藥力盡れば叢の間に落ちて、人に拾はるゝにいたる、人も其の如し、おのれが勢、世に行はるゝとも、己が力と思ふべからず、親先祖より傳へ受けたる位祿の力と、拜命したる官職の威光とによるが故なり。夫れ先祖傳來の位祿の力か、官職の威光がなければ、いかなる人も、弓勢の盡きたる矢、藥力の盡きたる鐵砲玉に異ならず、草間に落ちて、人に愚弄さるゝに至るべし、思はずばあるべからず。

【三十五】

同氏は、相馬領內衆に抽んでゝ、仕法發業を懇願せし人なり、仍つて同氏預りの、成田坪田二村に開業なり、仕法を行ふ僅かに一年にして、分度外の米、四百拾俵を産出せり、同氏藏を建て收め貯へ、凶歲の備へにせんとす、翁曰く、村里の興復を謀る者は、米金を藏に收むるを尊まず、此の米金を村里の爲に、遣ひ拂ふを以て專務とするなり、此の遣ひ方の巧拙に依つて、興復に遲速を生ず、尤も大切なり、凶荒豫備は仕法成就の時の事なり、今卿が預りの、村里の仕法、昨年發業なり、是より一村興復、永世安穏の規模を立つべきなり、先づ是こそ、此の村に取つて急務の事業なれと云ふ事を、能々協議して開拓なり、道路橋梁なり、窮民撫育なり、尤も務むべきの急を先にし、又村里のために、利益多き事に着手し、害ある事を除くの方法に、遣ひ拂ふべし、急務の事皆すまば、山林を仕立つるもよろし、土性轉換もよろし、非常飢疫の豫備尤もよろし、卿等能思考すべし。

【三十六】

某氏事をなして、過ぐるの癖あり。翁諭して曰く、凡そ物毎に度と云ふ事あり、飯を炊くも料理をするも、皆宜しき程こそ肝要なれ、我が方法も又同じ、世話をやかねば行はれざるは、勿論なれども、世話もやき過ぎると、又人に厭はれ、如何して宜しきや分らず、先づ捨ておくべしなどゝ、云ふに至るものなり。古人の句に「さき過ぎて見るさ　いやし梅の花」とあり、云ひ得て妙なり、百事過ぎたるは及ばざるにおとれり、心得べき事なり。

【三十七】

浦賀の人、飯高六藏、多辯の癖あり、暇を乞ふて國に歸らんとす。翁諭して云ふ、汝國に歸らば決して人に說くことを止めよ、人に說くことを止めて、おのれが心にて己が心に見せよ、己が心にて己が心に異見するは、柯を取つて、柯を伐るよりも近し、元己が心なればなり。夫れ異見する心は、汝が道心なり、異見せらるゝ心は汝が人心なり、寢ても覺めても坐しても步行ても、離るゝ事なき故、行住坐臥油斷なく異見すべし、若し己れ酒を好まば、多く飲む事を止めよと異見すべし、速かに止めばよし、止めざる時は幾度も異見せよ、其の外驕奢の念起る時も、安逸の欲起る時も皆同じ。百事此の如くみづから戒めば、是無上の工夫なり、此の工夫を積んで、己が身修り家齊ひなば、是れ己が心の異見を聞しなり、此の時に至らば人汝が說を聞く者あるべし、己れ修つて人に及ぶが故なり、己が心にて己が心を戒しめ、己聞かずば必ず人に說く事なかれ。且つ汝家に歸らば、商法に從事するならん、土地柄といひ、累代の家業といひ至當なり、去ながら、汝賣買をなすとも必ず金を儲けんなどゝ思ふべからず、只商道の本意を勤めよ、商人たる者、商道の本意を忘るゝ時は、眼前は利を得るとも詰り滅亡を招くべし、能く商道の本意を守りて勉強せば、財寶は求めずして集り、富榮繁昌量るべからず、必ず忘るゝ事なかれ。

【三十八】

嘉永五年正月、翁おのが家の溫泉に入浴せらるゝ事數日、予が兄大澤精一、翁に隨つて入浴す。翁湯桁にゐまして諭して曰く、夫れ世の中汝等が如き富者にして、皆足る事を知らず、飽くまでも利を貪り、不足を唱ふるは、大人のこの湯船の中に立ちて、屈まずして、湯を肩に掛けて、湯船はなはだ淺し、膝にだも滿たずと、罵るが如し、若し湯をして望に任せば、小人童子の如きは、入浴する事あたはざるべし、是湯船の淺きにはあらずして、已が屈まざるの過なり、能く此の過を知りて屈まば、湯忽ち肩に滿ちて、おのづから十分ならん、何ぞ他に求むる事をせん、世間富者の不足を唱ふる、何ぞ是に異らん。夫れ分限を守らざれば、千萬石といへども不足なり、一度過分の誤を悟りて分度を守らば、有餘おのづから有りて、人を救ふに餘りあらん。夫れ湯船は大人は屈んで肩につき、小人は立つて肩につくを、中庸とす、百石の者は、五十石に屈んで、五十石の有餘を讓り、千石の者は、五百石に屈んで、五百石の有餘を讓る、是を中庸と云ふべし。若し一鄉の內一人、此の道を蹈む者あらば、人々皆分を越ゆるの誤を悟らん、人々皆此の誤を悟り、分度を守りて、克く讓らば、一鄉富榮にして、和順ならん事疑ひなし。古語に一家仁なれば、一國仁に興るといへり、能く思ふべき事なり、夫れ仁は人道の極なり、儒者の說甚だむづかしくして、用をなさず、近く譬れば、此の湯船の湯の如し、是を手にて己が方に搔けば、湯我が方に來るが如くなれども、皆向ふの方へ流れ歸るなり、是を向ふの方へ押す時は、湯向ふの方へ行くが如くなれども、又我が方へ流れ歸る、少しく押せば少しく歸り、強く押せば強く歸る、是れ天理なり。夫れ仁と云ひ義と云ふは、向ふへ押す時の名なり、我が方へ搔く時は不仁となり、不義となる、愼まざるべけんや。古語に、己に克つて禮に復れば、天下仁に歸す、仁をなす己による、人によらんやとあり、己とは、手の我が方へ向く時の名なり、禮とは我が手を、先の方に向くる時の名なり。我が方へ向けては、仁を說くも義を演ぶるも、皆無益なり、能く思ふべし、夫れ人體の組立てを見よ、人の手は、我が方へ向きて、我が爲に辨利に出來たれども、又向ふの方へも向き、向ふへ押すべく出來たり。是れ人道の元なり。鳥獸の手は、是に反して、只我方へ向きて、我に辨利なるのみ、されば人たる者は、他の爲に押すの道あり、然るを我が身の方に手を向け、我が爲に取る事而已を勤めて、先の方に手を向けて、他の爲に押す事を忘るゝは、人にして人にあらず、則ち禽獸なり豈耻かしからざらんや、只耻かしきのみならず、天理に違ふが故に終に滅亡す、故に我れ常に奪ふに益なく讓るに益あり、讓るに益あり奪ふに益なし、是れ則ち天理なりと敎ふ、能々玩味すべし。

巻之二

【一】

翁曰く、學問は活用を尊ぶ、萬巻の書を讀むといへ共、活用せざれば用はなさぬものなり。論語に里は仁をよしとす、撰んで仁に居らずんば焉ぞ智を得んとあり、誠に名言なり、然りといへども、遊歴人や店借人などならば、撰んで仁の村に居る事も出來べし、されど田畑山林家藏を所有する、何村の何某なる者如何なる仁義の村があればとて、其の村に引越す事出來べきや、さりとて其の不仁の村に不快ながら住み居りては、智者と云はれざる勿論なり、扨て斷然不仁の村を捨て、仁義の村に引越す者ありとも我は是を智者とは云はず、書を讀んで活用を知らざる愚者と云ふべし。如何となれば、何村の何某と云はるゝ程の者、全戸を他村に引移す事容易にあらず、其の費用も莫大なるべし、此の莫大の費金を捨て、住み馴れし故郷を捨つる、愚にあらずして何ぞ、夫れ人に道あり、道は蠻貊の邦といへども行はるゝ物なれば、如何なる不仁の村里といへ共、道の行はれざる事あるべからず、自ら此の道を行ひて、不仁の村を、仁義の村に爲して、先祖代々其處に永住するをこそ、智といふべけれ、此の如くならざれば、決して智者といふべからず、然して其の不仁の村を、仁義の村にする、甚だ難からず、先づ自分道を踏んで、己が家を仁にするにあるなり。己が家仁にならずして、村里を仁にせんとするは、白砂を炊いで飯にせんとするに同じ、己が家誠に仁になれば、村里仁にならざる事なし。古語に曰く、一家仁なれば一國仁に興り、一家讓りあれば一國讓りに興る、又曰く、誠に仁に志せば惡なしとある通り、決して疑ひなき物なり。夫れ爰に竹木など本末入り交り、堅横に入り亂れたるあり、是を一本づゝ本を本とし、末を末にして、止まざる時は、終に皆本末揃ひて整然となるが如し。古語に直を擧げて諸々の曲れるを措く時は、よく曲れる者をして直からしむとある通り、善人を擧げ直人を擧げて、厚く賞譽して怠らざる時は必ず四五ケ年間を出でずして、整然たる仁義の村となる事、疑ひなき物なり。世間の富者、此の理に闇く書を讀んで活用を知らず、我が家を仁義にする事を知らず、徒らに迷ひを取つて、村里の不仁なるを悪み村人義を知らず、人氣悪し風儀悪しと罵り、他方に移らんとする者往々あり、愚と云ふべし。扨て村里の人氣を一新し、風俗を一洗すると云ふ事、最も難き事なれども、誠心を以てし、其の方法を得れば、左程難き事にはあらざるなり、先づ衰貧を挽回し、頽廢を興復するより手を下し方法の如くして、漸次人氣風儀を一洗すべし。扨て人氣風儀を一新なすに機會あり、譬へば今爰に戸數一百の邑あり、其の中四十戸は衣食不足なく、六十戸は窮乏なれば一邑其の貧を恥ぢとせず、貧を恥ぢとせざれば租税を納めざるを恥ぢず、借財を返さゞるを恥ぢず、夫役を怠るを恥ぢず、質を入るを恥ぢず、暴を云ふを恥ぢず、此の如くなれば、上の法令も里正の權も行はれず、法令行はれざる時は、悪行至らざる處なし、何を以て之を導かん、爰に到つては法令も教諭も皆益なきなり、又百戸の中、六十戸は衣食不足なく、四十戸は貧窮なる時は、教へずして自ら恥を生ず、恥を生ずれば、義心を生ず、義心生ずれば　租税を納めざるを恥ぢ、借財を返さゞるを恥ぢ、夫役を怠るを恥ぢ　質を入るを恥ぢ、暴を云ふを恥づるに至る、此に至つて法令も行はれ、教導も行はれ、善道に導くべく、勉強にも赴かしむべし、其の機斯の如し。譬へば權衡の釣合の如し、左重ければ左に傾き、右重ければ右に傾くが如く、村內貧多き時は貧に傾き、惡多き時は惡に傾く、故に相共に恥なし、富多き時は富に傾き、善多き時は善に傾く、故に恥を生ずれば義心を生ず、汚俗を一洗し、一村を興復するの業、只此の機あるのみ、知らずばあるべからず、如何なる良法仁術と云へども、村中一戸も貧者無からしむるは難しとす、如何となれば人に勤惰あり强弱あり智愚あり、家に積善あり不積善あり、加之前世の宿因もあり、是を如何とも爲すべからず、此の如きの貧者は、只其の時々の不足を補ふて、覆墜せざらしむにあり。

【三】

翁曰く、夫れ入るは出でたる物の歸るなり、來るは推し讓りたる物の入り來るなり、譬へば、農人田畑の爲に盡力し、人糞を掛け干鰯を用ひ、作物の爲に力を盡せば秋に至りて、實法りを得る事、必ず多き勿論なり、然かるを菜を蒔いて、出るは芽をつみ、枝が出れば枝を切り穗を出せば穗をつみ實がなれば實を取る、此の如くなれば、決して收穫なし、商法も又同じ、己が利欲のみを專らとして買人の爲めを思はず、猥りに貪らば、其の店の衰微、眼前なるべし。古語に、人心は惟危し道心惟微なり、惟精惟一允に其の中を執れ、四海困窮せば天祿永く終らん、とあり、是れ舜禹天下を授受するの心法なり、上として下に取る事多く、下困窮すれば、上の天祿も永く終るとあり、終るにはあらず、天より賜りたるを、天に取り上げらるゝなり、其の理又明白なり、誠に金言といふべし、然りといへども、儒者の如く講じては、今日上、何の用にもたゝぬ故、今汝等が爲に、分り安く讀みて聞かせん、支那の咄しと思つて、迂濶に聞かず、能く肝に銘ぜよ。人心惟危し道心惟微なりとは、身勝手にする事は危き物ぞ、他の爲めにする事は、いやになる物ぞと云ふ事なり、惟精惟一允に其の中を執れとは、能く精力を盡し、一心堅固に二百石の者は、百石にて暮し、百石の者は、五十石にて暮し、其の半分を推し讓りて、一村の衰へざる様、一村の益々富み益々榮える様に勉强せよと、云ふ事なり、四海困窮せば、天祿永く終らんとは、一村困窮する時は、田畑を何程持ち居るとも、決して作德は取れぬ樣になる物ぞ、と云ふ事と心得べし、帝王の咄しなればこそ、四海と云ひ、天祿と云ふなれ、汝等が爲めには、四海を一村と讀み、天祿は作德と讀むべし、能々肝銘せよ。

【三】

翁曰く、吉凶禍福苦樂憂歡等は、相對する物なり。如何となれば、猫の鼠を得る時は樂の極なり、其の得られたる鼠は、苦の極なり、蛇の喜極る時は、蛙の苦極る、鷹の悅極る時は雀の苦極る、獵師の樂は、鳥獸の苦なり、漁師の樂は、魚の苦なり、世界の事皆斯の如し、是は勝ちて喜べば、彼は負けて憂ふ、是は田地を買ひて喜べば、彼は田地を賣りて憂ふ、是は利を得て悅べば、彼は利を失ふて憂ふ、人間世界皆然り、たま〳〵悟門に入る者あれば是を厭ひて山林に隱れ、世を遁れ世を捨つ、是又世上の用をなさず、志其の行ひ、尊きが如くなれど、世の爲めにならざれば賞するにたらず、予が戯れ歌に「ちう〳〵となげき苦しむこゑきけば鼠の地獄猫の極樂」一笑すべし、爰に彼悅んで是も悅ぶの道なかるべからずと諫ふるに、天地の道、親子の道、夫婦の道と、又農業の道との四つあり、是れ法則とすべき道なり、能く考ふべし。

【四】

翁曰く、世界の中、法則とすべき物は、天地の道と、親子の道と、夫婦の道と、農業の道との四つなり。此の道は誠に、兩全完全の物なり。百事此の四つを法とすれば誤なし。予が歌に「おのが子を惠む心を法とせば學ばずとても道に到らん」とよめるは此の心なり。夫れ天は生々の德を下し、地は之を受けて發生し、親は子を育して、損益を忘れ混ら生長を樂み、子は育せられて、父母を慕ふ、夫婦の間又相互に相樂んで、子孫相續す、農夫勤勞して、植物の繁榮を樂み、草木又欣々として繁茂す、皆相共に苦情なく、悅喜の情のみ。扨て此の道に法取る時は、商法は、賣りて悅び買ひて悅ぶ樣にすべし。賣りて悅び買ひて喜ばざるは、道にあらず、買ひて喜び、賣りて悅ばざるも道にあらず。貸借の道も亦同じ、借りて喜び、貸して喜ぶ樣にすべし、借りて喜び貸して悅ばざるは道にあらず、貸して悅び借りて喜ばざるは道にあらず、百事此の如し。夫れ我が教へは是を法とす、故に天地生々の心を心とし、親子と夫婦との情に基き損益を度外に置き、國民の潤助と、土地の興復とを樂むなり、然らざれば能はざる業なり。夫れ無利息金貸付の道は、元金の增加するを德とせず、貸付高の增加するを德とするなり、是れ利を以て利とせず、義を以て利とするの意なり、元金の增加を喜ぶは利心なり、貸附高の增加を喜ぶは善心なり。元金は終に百圓なりといへども、六十年繰返し〳〵貸す時は、其の貸附高は一萬二千八百五十圓となる、而して元金は元の如く百圓にして、增減なく、國家人民の爲めに、益ある事莫大なり、正に日輪の萬物を生育し萬歳を經れども一ツの日輪なるが如し、古語に敬する處の物少くして悅ぶ者多し、之を要道と云ふとあるに近し。我れ此の法を立てし所以は、世上にて金銀を貸し催促を盡したる後、裁判を願ひ取れざる時に至つて、無利足年賦となすが通常なり。此の理を未だ貸さざる前に見て、此の法を立てたるなり。されども未だ足らざる處あるが故に、無利足何年置据貸しと云ふ法をも立てたり。此の如く爲さざれば、國を興し世を潤すにたらざればなり。凡そ事は成り行くべき先を、前に定むるにあり。人は生るれば必ず死すべき物なり。死すべき物と云ふ事を、前に決定すれば活きて居る丈け日々利益なり。是予が道の悟なり。生れ出では、死のある事を忘るゝ事なかれ、夜が明けなば暮るゝと云ふ事を忘るゝ事なかれ。

【五】

翁曰く、村里の興復は直を擧ぐるにあり、土地の開拓は沃土を擧ぐるにあり。然るに善人は、兎角に退きて引籠る癖ある物なり、勤めて引き出さゞれば出でず、沃土は必ず、卑く窪き處にありて掘り出さざれば顯はれぬ物なり、爰に心付かずして開拓場をならす時は、沃土皆土中に埋まりて永世顯はれず、村里の損、是より大なるはなし。村里を興復する、又同じ理なり、善人を擧げて、隱れざる樣にするを勤めとすべし、又土地の改良を欲せば、沃土を掘り出して田畑に入るべし、村里の興復は、善人を擧げ出精人を賞譽するにあり、是を賞譽するは、投票を以て耕作出精にして品行宜しく心掛宜しき者を撰み、無利足金旋回貸附法を行ふべし、此の法は譬へば米を臼にて搗くが如し、杵は只臼の正中を搗くのみにして、臼の中の米同一に白米となると同じ道理にて、返濟さへ滯らざれば社中一同知らず〳〵、自然と富實すべし、而して返濟の滯るは、譬へば臼の米に返らざるが如し、是れ此の仕法の大患なり、臼の米返らざる時は、村搗となりて折れ碎くる物なり、此の仕法にて返濟滯る時は、仕法瘻靡して振はざる物なり、貸附取扱ひの時、能々注意し說諭すべし。

【六】

翁曰く、世人運といふ事に心得違ひあり、譬へば柿梨子などを籠より打ち明くる時は、自然と上になるあり、下になるあり、上を向くあり、下を向くあり、如此を運と思へり。運といふ物此の如き物ならば賴むにたらず、如何となれば、人事を盡してなるにあらずして、偶然となるなれば、再び入れ直して明くる時はみな前と違ふべし、是れ博奕の類にして運とは異なり。夫れ運といふは、運轉の運にして所謂廻り合せといふ物なり。夫れ運轉は世界の運轉に基元して、天地に定規あるが故に、積善の家に餘慶あり積不善の家に餘殃あり、幾回旋轉するも、此の定規に外れずして、廻り合するを云ふなり、能く世の中にある事なり、灯燈の火の消えたるために、禍を免れ、又履物の緒の切れたるが爲めに、災害を逸るゝ等の事、これ偶然にあらず眞の運なり、佛に云ふ處の、因應の道理則ち是なり、儒道に積善の家餘慶あり、積不善の家餘殃あるは天地間の定矩、古今に貫きたる格言なれども、佛理によらざれば判然せざるなり。夫れ佛に三世の說あり、此の理は三世を觀通せざれば、決して疑ひなき事あたはず、疑ひの甚しき、天を怨み人を恨むに至る、三世を觀通すれば、此の疑ひなし、雲霧晴れて、晴天を見るが如く、皆自業自得なる事をしる、故に佛教三世因緣を說く、是れ儒の及ばざる處なり。今爰に一本の草あり、現在若草なり、其の過去を悟れば種なり、其の未來を悟れば花咲き實法りなり、莖高く延びたるは肥多き因緣なり、莖の短きは肥のなき應報なり、其の理三世をみる時は明白なり、而して世人此の因果應報の理を、佛說と云へり、是は書物上の論なり、是を我が流儀の不書の經に見る時は、釋氏未だ此の世に生れざる昔より行はれし、天地間の眞理なり、不書の經とは、予が歌に「聲もなく香もなく常に天地は書かざる經を繰返しつゝ」に云へる四時行はれ、百物成る處の眞理を云ふ、此の經を見るには、肉眼を閉ぢ、心眼を開きて見るべし、然らざれば見えず、肉眼に見えざるにはあらねども徹底せざるを云ふなり、夫れ因報の理は、米を蒔けば米が生え、瓜の蔓に茄子のならざるの理なり、此の理天地開闢より行はれて、今日に至つて違はず、皇國のみ然るにあらず、萬國皆然り、されば天地の眞理なる事、辯を待たずして明かなり。

【七】

翁曰く、夫れ天地の眞理は、不書の經文にあらざれば、見えざる物なり、此の不書の經文を見るには、肉眼を以て、一度見渡して、而して後肉眼を閉ぢ、心眼を開きて能く見るべし、如何なる微細の理も見えざる事なし、肉眼の見る處は限あり、心眼の見る處は限りなければなりと、大島勇助曰く、師說實に深遠なり、おこがましけれど、一首を詠めりと云ふ、其の歌「眼を閉ぢて世界の內を能く見れば、晦日の夜にも有明の月」翁曰く、卿が生涯の上作と云ふべし。

【八】

加茂社人、梅辻と云ふ神學者東京に來りて、神典并に天地の功德、造化の妙用を講ず。翁一夜竊に其の講談を聞かる、曰く其の人となり、辯舌爽にして飾なく立居ふるまひも、安らかにして物に關せず、實に達人と云ふべし、其の說く處も、大凡最もなり、されども未だ盡さゞる事のみ多し、彼れ位の事にては、一村は勿論、一家にても衰へたるを興す事は出來まじ。如何となれば其の說く所目的立たず、至る處なく專ら儉約を尊んで、謂れなく只儉約せよ〳〵と云ひて、儉約して何にすると云ふ事なく、善を爲よと云ひて、其の善とする處を說かず、且つ善を爲すの方を云はず、其の說く處を實行する時は上下の分立たず、上國下國の分ちもなく、此の如く、一般儉約を爲したりとも、何の面白き事もなく、國家の爲にもならざるなり。其の他諸說は、只論辯の上手なるのみ。夫れ我が儉約を尊ぶは用ひる處有るが爲なり。宮室を卑うし衣服を惡くし、飮食を薄うして資本に用ひ、國家を富實せしめ、萬姓を濟救せんが爲なり。彼れが目途なく、至る處なく只儉約せよと云ふとは大いに異なり。誤解する事勿れ。

【九】

翁曰く、遠きを謀る者は富み、近きを謀る者は貧す。夫れ遠きを謀る者は、百年の爲に松杉の苗を植う、まして春植ゑて、秋實のる物に於てをや、故に富有なり、近きを謀る者は、春植ゑて秋實法る物をも、猶遠しとして植ゑず、只眼前の利に迷ふて、蒔かずして取り、植ゑずして刈取る事のみに眼をつく、故に貧窮す。夫れ蒔かずして取り、植ゑずして刈る物は、眼前利あるが如しといへども、一度取る時は、二度刈る事を得ず。蒔きて取り、植ゑて刈る者は歳々盡くる事なし、故に無盡藏と云ふなり、佛に福聚海と云ふも、又同じ。

【十】

翁某村を巡回せられたる時、惰弱にして掃除をもせぬ者あり。曰く、汚穢を窮むる此の如くなれば、汝が家永く貧乏神の住所となるべし。貧乏を免れんと欲せば、先づ庭の草を取り、家屋を掃除せよ。不潔斯の如くなる時は、又疫病神も宿るべし。

能く心掛けて、貧乏神や、疫病神は居られざる様に掃除せよ。家に汚物あれば、汚蠅の集るが如く、庭に草あれば蛇蝎所を得て住むなり、肉腐れて蛆生じ、水腐れて孑孑生ず、されば、心身穢れて罪咎生じ家穢れて疾病生ず、恐るべしと諭さる。又一戸家小にして内外清潔の家あり。翁曰く、彼は遊惰無頼博徒の類か、家内を見るに俵なく好き農具なし。農家の罪人なるべしと。村吏其の明察に驚けり。

【十一】

両國橋邊に、敵打あり、勇士なり孝士なりと人々譽む。翁曰く、復讐を尊むは、未だ理を盡さゞる者なり、東照公も敵國に生れ玉へるを以て父祖の讐を報ぜんとのみ願はれしを、酉譽上人の説法に、復讐の志は、小にして益なく、人道にあらざるの理を以てし、國を治め、萬民を安んずるの道の天理にして、大なるの道理を以てす、公始めて此の理に感じ、復讐の念を捨てて、國を安んじ、民を救ふの道に心力を盡されたり、是より大業なり、萬民塗炭の苦を免る。此の道獨り東照宮のみに限らざるなり、凡人といへども又同じ。此方より敵を打てば、彼よりも亦此の恨を報ぜんとするは必定なり、然る時は怨恨結んで解くる時なし、互に復讐〳〵と、只恨を重ぬるのみ、是れ則ち佛に所謂輪廻にて永劫修羅道に落ちて人道を蹈む事能はじ、愚の至り悲しい哉、又たま〳〵返り打ちに逢ふもあり、痛しからずや、是れ道に似て、道にあらざるが故なり、されば復讐は政府に懇願すべし、政府又草を分けて、此の惡人を尋ねて刑罰すべし、仍つて自らは、恨に報うに直を以てすの聖語に隨ひて復讐を止め家を修め、立身出世を謀り、親先祖の名を顯はし、世を益し人を救ふの天理を勤むるにしかず、是れ子たる者の道、則ち人道なり、世の習風は、人道にあらず、修羅道なり。天保の飢饉に、相州大磯驛川崎某と云ふ者、亂民に打毀されたり、官亂民を捕へて禁獄し、又川崎某をも禁獄する事三年、某憤怒に堪へず、上下を怨み、上下に此の怨みを報ぜんと熱心す、我れ是に教ふるに、復讐は人道にあらざるの理を解き、富者は貧を救ひ、驛内を安ずるの天理なる事を以てせり、某決する事能はず、鎌倉圓覺寺淡海和尚に質して、悔悟し決心して、初めて復讐の念を斷ち、身代を殘らず出して驛内を救助す、驛内俄然一和して、某を敬する事父母の如し、官又厚く某を賞するに至れり。予只復讐は人道にあらず、世を救ひ世の爲めを爲すの天理なる事を教へしのみにして、此の好結果を得たり、若し過ちて、復讐の謀をなさば、如何なる修羅場を造作するや知るべからず、恐れざるべけんや。

【十二】

翁床の傍に、不動佛の像を掛けらる。山内董正曰く、卿不動を信ずるか。翁曰く、予壯年、小田原侯の命を受けて、野州物井に來る。人民離散土地荒蕪、如何ともすべからず。仍て功の成否に關せず、生涯此處を動かじと決定す、假令事故出來、背に火の燃え付くが如きに立到るとも、決して動かじと死を以て誓ふ。然るに不動尊は、動かざれば尊しと訓ず。予其の名義と、猛火背を焚くといへども、動かざるの像形を信じ、此の像を掛けて、其の意を妻子に示す。不動佛、何等の功驗あるを知らずといへども、予が今日に到るは、不動心の堅固一つにあり。仍つて今日も猶此の像を掛けて、妻子に其の意を示すなり。

【十三】

翁曰く、百人一首に「秋の田のかりほの菴のとまをあらみ、我が衣手は露にぬれつゝ」とあり、此の御歌を、歌人の講ずるを聞けば、只言葉丈けにして深き意もなきが如し、何事も己が心丈ならでは解せぬ物なればなるべし。夫れ春夏は、百種百草芽を出し、生ひ育ち、枝葉繁り榮え百花咲き滿ち、秋冬に至れば、葉落ち實熟して、百種百草みな枯る、則ち植物の終りなり、凡そ事の終りは奢る者は亡び、惡人は災に逢ひ盜は刑せられ、一生の業果の應報を、草木の熟する秋の田に寄せての御製なるべし。とまをあらみとは、政事あらくして行屆かざるを、歎かせ玉ふなり。御慈悲御憐みの深き、言外にあらはれたり。此の者は何々に依つて獄門に行ふ物なり、我が衣手は露にぬれつゝ、此の者は火炙りに行ふ者なり、我が衣手は露にぬれつゝ、誰は家事不取締に付蟄居申し付くる、我が衣手は露にぬれつゝ、惡事をして刑せらるゝ者も、政事の屆かぬ故、奢りに長じて滅亡する者も、我が教への屆かぬ故と、御憐の御泪にて、御袖を絞らせ玉ふと云ふ歌なり。感銘すべし。予始めて野州物井に至り、村落を巡回す、人民離散して、只家のみ殘り、或は立腐れとなり、石据のみ殘り、屋敷のみ殘り、井戸のみ殘り、實に哀れはかなき形を見れば、あはれ此の家に老人も有りつるなるべし、婦女兒孫もありしなるべきに、今此の如く萱葎生ひ茂り、狐狸の住處と變じたりと思へば、實に我が衣手は露にぬれつゝの御歌も思ひ合せて、予も袖を絞りしなり。京極黄門、百首の卷頭に、此の御製を載られて、今諸人の知る處となれるは、悦ばしき事なり。感拜すべし。

【十四】

道路の普請に人多く出で居れり、小荷駄馬驚き噪ぎて靜まらず、人々立噪ぐを、馬士止めて靜に〳〵と云ひて手拭にて馬の目を隱し、額より面を撫でたり、馬靜りて過ぎ行く。翁曰く、馬士のする處、誠に宜し。論語に、禮の用は和を尊しとす、小大是に因るとあるに叶へり、予初め野州物井を治めしも、此の通りなり、噪ぎ立つを靜むるは、此の道理にあり、我れ物井を治めし時、金は無利足に貸し、返さゞるも催促せず、無道なるをも敢て咎めず、年貢も難儀とあらば、免すべしと云へり。

然りといへども勤勞し糞培せざれば、米も麥も得られず、いやながらも、勤勞すればこそ、芋も大根も食ふ事を得るなれ、難儀と思ふ年貢を出せばこそ、田畑も我が物となりて、耕作も出來るなれと、只此の理を諭し、己が分度を定めて、己を盡したるのみ。此の如くすれば、行はれざる處なし。草木禽獸にも行はるゝ道理なり。如何となれば、菓物熟して、自然落つるを待つの道理にして、只我の一字を去るのみ、我が畑へ我が植ゑし茄子にても、我にてならする事は出來ず、理屈にては必ずならぬ物なり、此の時理屈もやめ。我を捨て、肥をすれば、なれと言はずしてなり、實法れと言はずしてみのる。我が敎へは此の道理を能く知るにあらざれば、行ふべからず。

【十五】

或問二老子一に、道の道とすべきは、常道にあらず、云々とあるは如何なる意ぞ。
翁曰く、老子の常と云へるは、天然自然萬古不易の物をさして云へるなり。聖人の道は、人道を元とす。夫れ人道は自然に基くといへ共、自然とは異る物なり。如何となれば、人は米麥をこととす、米麥自然にあらず、田畑に作らざればなき物なり、其の田畑と云ふ物、又自然にあらず、人の開拓に依つて出來たる物なり、其の田を開拓するや堤を築き川を堰き、溝を掘り水を上げ畔を立て、初めて水田成る、元自然に基くといへ共、自然にあらずして、人作たること明かなり。總て人道は斯くの如き物なり。故に法律を立て、規則を定め、禮樂と云ひ刑政と云ひ、格と云ひ式と云ふが如き、煩はしき道具を並べ立て、國家の安寧は漸く成る物なり。是れ米を喰はんが爲に、堤を築き堰を張り、溝を掘り畔を立て、田を開くに同じ。是を聖人の道と尊むは米を食はんと欲する、米喰仲間の人の事なり。老子是を見て、道の道とすべきは、常の道にあらずと云へるは、川の川とすべきは常の川にあらずと云ふに同じ。夫れ堤を築き堰を張り、水門を立てゝ引きたる川は、人作の川にして、自然の常の川にあらぬ故に、大雨の時は、皆破るゝ川なりと、天然自然の理を云へるなり。理は理なりといへ共、人道とは大いに異なり。人道は、此の川は堤を築き、堰を張りて引きたる川なれば、年々歳々普請手入れをして、大洪水ありとも、破損のなき樣にと力を盡し、若し流失したる時は、速かに再興して元の如く、早く修理せよと云ふを人道とす。元築たる堤なれば、崩るゝ筈、開きたる田なれば荒るゝ筈といふは、言はずとも知れたる事なり。彼は自然を道とすれば、夫を惡しと云ふにはあらねど、人道には大害あり。到底老子の道は、人は生れたる物なり、死するは當り前の事なり、是を歎くは愚なりと云へるが如し。人道は夫れと異なり、他人の死を聞きても、扨て氣の毒の事なりと歎くを道とす。況んや親子兄弟親戚に於けるをや。是等の理を以て押して知るべきなり。

【十六】

翁曰く、太閤の陣法に、敵を以て敵を防ぎ、敵を以て敵を打つの計ありと、實に良策なるべし。水防にも、水を以て水を防ぐの法あり、知らずばあるべからず。町田亘曰く、近來富士川に雁がね堤と云ふを築けり、是れ其の法なるべし、翁曰く、實ならば、能く水を治むるの法を得たる者なり。夫れ我が仕法又然り、荒地は、荒地の力を以て開き、借金は、借金の費を以て返濟し、金を積むには、金に積ましむ。

教も又然り。佛教にて、此の世は僅の假の宿、來世こそ大事なれと教ふ。是れ又欲を以て欲を制するなり。夫れ幽世の事は、眼に見えざれば、皆想像說なり。然りといへ共、艸を以て見る時は、粗見ゆるなり。今茲に一草あらん。此の草に向ひて說法せんに、夫れ汝は現在、草と生れ露を吸ひ肥しを吸ひ、喜び居るといへ共、是れは皆迷ひと云ふ物ぞ、夫れ此の世は、春風に催されて、生れ出でたる物にて、實に假の宿ぞ、明朝にも、秋風吹き立たば、花も散り葉も枯れ、風雨の艱難を凌ぎて生長せしも皆無益なり、此の秋風を、無常の風と云ふ、恐るべし、早く此の世は、假の宿なる事を悟りて、一日も早く實を結び種となりて、火にも燒けざる藏の中に入りて、安心せよ、此の世にて肥を吸ひ露を吸ひ、葉を出し花を開くは皆迷なり、早く種となり、艸の世を捨てよ、其の種となりて、ゆく處に、無量斯々の娛樂ありと說くが如し。是の欲の制し難きを知つて、是れを制するに欲を以てして勸善懲惡の教とせしなり。然るを末世の法師等此の教を以て、米金を集むるの計策をなす。悲しからずや。

【十七】

門人某、常に好んで「笛吹かす太皷たゝかず獅子舞の跡足になる胸の安さよ」と云ふ古歌を誦す。翁曰く、此の歌は、國家經綸の大才を抱き功成り名を遂げ其の業を讓りて、後に詠吟せば許すべし。卿が如き是れを誦す、甚だ宜しからず。卿が如きは、笛を吹き太皷をたゝき、舞ふ人があればこそ、不肖予輩も跡足となりて、世を經る事が出來るなれ辱き事なりと云ふ意の歌を吟ずべし。然らざれば道に叶はず。夫れ人道は親の養育を受けて、子を養育し、師の教を受けて、子弟を教へ、人の世話を受けて、人の世話をする、是れ人道なり。此の歌の意を押し極むる時は、其の意不受不施に陷るなり。其の人にあらずして、此の歌を誦するは、國賊と云ひて可なり。論語には幼にして孫弟ならず、長じて述ぶる事なく、老いて死なざるをさへ賊と云へり、まして況や、卿等が此の歌を誦するをや。大いに道に害あり。夫れ前足になりて舞ふ者なくば、奚ぞ跡足なる事を得んや。上に文武百官あり、政道あればこそ、皆安樂に世を渡らるゝなれ。此の如く、國家の恩德に浴しながら、此の如き寢言を言ふは恩を忘れたるなり。我れ今卿が爲に此の歌を讀直して授くべし。向後は此の歌を誦されよと、教訓あり。其の歌「笛をふき太皷たゝきて舞へばこそ不肖の我も跡あしとなれ」

【十八】

東京深川原木村に、嘉七と云ふ者あり。海邊の寄り洲を開拓して、成功すれば賣り、出來上れば賣り、常に開拓を以て家業とす。土人原嘉の親方と云へば、知らざる者なし。其の開拓の事に付き決し難き事あり、翁に實地の見分を乞ふ。翁一日往いて見分せられ、其の序彼の海岸を見らるゝに、開拓すべき寄り洲、四町五町歩の地は、數しらずあり。嘉七曰く、寄り洲は、自然になるといへ共、又是れを寄する方法あり、其の地形を見定めて、勢子石勢子杭を用ふる時は速に寄る物なりと。翁曰く、勢子石とは如何なる物ぞ。嘉七曰く、其の方法云々なり。翁曰く、良法なるべし。嘉七又曰く、誠に寄洲は天然の賜なりと。翁曰く、天然の賜にはあらず、其の元人爲に出づる物なり。嘉七曰く、願くは其の說を示し玉へ。翁曰く、川に堤防あるが故に、山々の土砂、遠く此處迄流れ來りて、寄洲附洲となるなり、川に堤防なき時は、洪水縱横に亂流して一處に集らず、故に寄洲も附洲も出來ざるなり。されば其の元人爲に成るにあらずや。嘉七退く。翁左右を顧て曰く、嘉七は才子と云ふべし、かゝる大才あり、今少し志を起し、國家の爲を思はゞ、大功成るべきに、開拓屋にて一生を終るは、惜むべし。

正兄曰く、予佐藤信淵氏の著書を見しに内洋經緯記又勢子石用法圖說等あり、今にして是れを思へば嘉七は佐藤氏の門人にはあらざるか、經濟要錄の序に云はれし事あり開き見るべし。

【十九】

三河國吉田の鄕士に、高須和十郎と云ふ人あり。舞坂驛と荒井驛の間に湊を造らんと企て、繪圖面を持ち來つて、成否を問ふ。翁曰く、卿が說の如くなれば、顧慮する處なきが如くなれ共、大洋の事は測るべからず。往年の地震にて、象潟は變地して、景色を失ひ、大阪の天保山は一夜に出來たりと。皆近年の事なり。かゝる大業は、實地に臨むといへ共、容易に成否を決す可からず、況や繪圖面上に於てをや、斯の如き大業を企つるには、萬一失敗ある時は、斯くせんと云ふ、扣堤の如き工夫あるか、又何樣の異變にても、失敗なき工夫があり度き物なり。然らざれば、卿が爲に贊成する者、共に成佛する事、なしとも言ひ難かるべし。然る時は、山師の誹あらん。予先年印旛沼掘割見分の命を蒙りし時、何樣の變動に遭遇しても、決して失敗なき樣に工夫せり。たとひ天變はなくとも、水脉土脉を掘り切る時は必ず意外の事ある物なり。古語に事前に定まれば躓かずと。予が異變ある事を前に定めたるは、異變を恐れず、異變に躓かざるの仕法なり、是れ大業をなすの祕事なり、卿又工夫なくばあるべからず、然らざれば、第一自ら安んぜざるべし。古語に内に省みて疚しからざれば、何をか憂ひ何をか懼れんとあり。されば天變をも恐れず、地變をも憂ひざる方法の工夫を先にして、大事はなすべきなり。

【三十】

駿河國元吉原村某、柏原の沼水を海岸に切り落して、開拓せん事を出願し許可を受く。歸路予が家に一泊し、地圖書類を出して、願望成就せり、能き金主はあるまじきやと云へり。予曰くなし。然りといへ共、思ふ處あり、地圖を明朝迄と云ひて留め置きたり。此の時翁、予が家に入浴中なり、竊に地圖を開きて翁に成否を問ふ、翁曰く、實地にあらざれば、可否は言ふべからず、然りといへども、云ふ所の如く沼淺く、三面畑ならば、畑にても岡にても、便よき處より切崩して埋立つるを勝れりとすべし、此の水を海に切り落すとも、水思ふ樣に引くや引かざるや計り難し、又大風雨の時、砂を卷き潮を湛へまじき物にもあらねば埋立つるにしかざるべし、是れを埋立つるは愚なるが如しといへども、一反埋れば一反出來、二反埋れば二反出來、間違ひもなく、跡戻りもなく手違ひもなく、見込違ひもなし、埋立つるを上策とすべし、予又問ふ埋立つる方法如何、曰く實地を見ざれば、今別に工夫なし、小車にて押すと、牛車にて引くとの二ツなり、車道には假に板を敷くべし、案外にはかゆく物なり、且つ埋地一反なれば、土を取りたる跡も、二畝三畝は出來べし、一反手輕きは何程位手重きも幾許位なるべし、鍬下用捨を少し永く願はゞ、熟田を買ふより益多かるべしと、敎へらる、予此の事を予が工風にして、某に告ぐ、某笑つて答へず。

【三十二】

弘化元年八月共の筋より日光神領荒地起し返し方申付ける見込の趣、取調べ仕法書差出すべしと、翁に命ぜらる。予が兄大澤勇助出府し恐悅を翁に申す。予隨へり。翁曰く、我が本願は、人々の心の田の荒蕪を開拓して、天授の善種、仁義禮智を培養して、善種を收穫し、又蒔返し蒔返して、國家に善種を蒔弘むるにあり。然るに此の度の命令は、土地の荒蕪の開拓なれば、我が本願に違へるは汝が知る所ならずや。然かるを遠く來つて、此の命あるを賀すは何ぞや、本意に背きたる命令なれど命なれば餘儀なし、及ばずながら、我輩も御手傳ひ致さんと、云はゞ悅ぶべし、然らざれば悅ばず。夫れ我が道は、人々の心の荒蕪を開くを本意とす、心の荒蕪一人開くる時は、地の荒蕪は何萬町あるも憂ふるにたらざるが故なり、汝が村の如き汝が兄一人の心の開拓の出來たるのみにて一村速に一新せり。大學に明德を明にするにあり、民を新にするにあり、至善に止るにありと、明德を明にするは心の開拓を云ふ、汝が兄の明德、少し斗り明になるや直に一村の人民新になれり。德の流行する置郵して命を傳ふるより速なりとは此の事なり。歸國せば早く至善に止まるの法を立て父祖の恩に報ぜよ、是れ專務の事なり。

【三十二】

小田原藩にて報德仕法の儀は、良法には相違無しといへども、故障の次第有つて今般疊み置くと云ふ布達出づ。領民の內、是れを憂ひて、翁の許に來たり歎く者あり、手作の芋を持ち來つて呈せり。翁諭して曰く、夫れ此の芋の如きは、口腹を養ひ、必用の美菜なれば、是れを弘く植ゑて、其の實法りを施さんと願ふは尤もなれども、天運冬に向ひ、雪霜降り、地の凍るを如何せん、强ひて植ゑなば凍に損じ霜に痛み種をも失ふに至るべし、是非もなき事なり。是れ人の口腹を養ふ德ある美物なるが故に、寒氣雪霜を凌ぐ力なし、食料にもならざる麁物は、却て寒氣雪霜にも、痛まぬ物なり、是れ自然の勢、如何とも仕方なし。今日は寒氣雪中なり、早く芋種は土中に埋め、藁にて圍ひ、深く納めて、來陽雪霜の消ゆるを待つべし。山谷原野一圓、雪降り水凍り寒威烈しき時は、最早是れ切り暖には成らぬかと思ふ樣なれども、雪消え氷解けて、草木の芽ばる時も又必ずあるべし。其の時に至つて圍ひ置きし芋種を取り出し、植ゑる時は忽ち其の種田圃に滿ちて、繁茂する疑ひなし。かゝる春陽に逢ふとも種を納め圍はざれば、植ゑ殖す事あたはず。夫れ農事は春陽立歸り、草木芽立たんとするを見て種を植ゑ、秋風吹きすさみ草木枯落する時は、未だ霜雪の降らざるに、芋種は土中に埋めて、此處に埋むると云ふ、心覺えをし、深く隱して來陽を待つべし。道の行はるゝ行はれざるは天なり、人力を以て如何とも爲し難し、此の時に至つては、才智も益なし、辯舌も益なし、勇あるも又益なし、芋種を土中に埋むるにしかず。夫れ小田原の仕法は、先君の命に依つて開き、當君の命に依つて疊む、皆是までなり、凡そ天地間の萬物の生滅する、皆天地の令命による、私に生滅するにはあらず、春風に萬物生じ、秋風に枯落する皆天地の令命なり。豈私ならんや。曾子死に臨んで、予が手を開け、予が足を開け、云々と云へり。予も又然り、予が日記を見よ、予が書翰留を見よ、戰々兢々深淵に臨むが如く、薄氷を踏むが如し。疉置きに成つて予兔るゝ事を知る哉と云ふべし。汝等早く歸りて芋種を圍ひ置き、來陽春暖を待つて又植ゑ弘むべし、決して心得違ひする事なかれ。愼めや〳〵。

【三十三】

下館藩に高木權兵衞と云ふ人あり。報德信友講、結社成り發會投票の時其の札に、予は不仕合にて、借金も家中第一なり、慥か成る事も又第一なり、然りといへども自分にて自分へは入札爲し難し、是れに依つて鈴木郡助、と書き付けて入れられし事ありき。年を經て、高木氏は家老職となり、鈴木氏は代官役となれり。翁曰く、今日にして、往年入札の事思ひ當れり、自藩中第一慥か成る者と書きたるに恥ぢず、又是れに依つて、鈴木某と書きたるにも恥ぢず、眞に我意なし無比の人物と云ふべし。

【三十四】

翁曰く、大道は譬ば水の如し、善く世の中を澤潤して、滯らざる物なり、然る尊き大道も書に筆して書物と爲す時は、世の中を潤澤する事なく、世の中の用に立つ事なし。譬ば水の氷りたるが如し、元水には相違なしといへども、少しも潤澤せず、水の用はなさぬなり。而して書物の注釋と云ふ物は又氷に氷柱の下りたるが如く、氷の解て又氷柱と成りしに同じ、世の中を潤澤せず、水の用を爲さぬは、矢張同樣なり。扨て此の氷となりたる經書を、世上の用に立てんには胸中の溫氣を以て、能く解して、元の水として用ひざれば世の潤澤にはならず、實に無益の物なり。氷を解すべき溫氣胸中になくして氷の儘にて用ひて水の用をなす物と思ふは愚の至りなり。世の中神儒佛の學者有つて世の中の用に立たぬは是れが爲なり、能く思ふべし、故に我が教は實行を尊む。夫れ經文と云ひ經書と云ふ、其の經と云ふは元機の竪糸の事なり、されば、竪糸ばかりにては用をなさず、横に日々實行を織り込みて、初めて用をなす物なり、横に實行を織らず、只竪糸のみにては益なき事、辯を待たずして明かなり。

【三十五】

翁曰く、夫れ神道は、開闢の大道皇國本源の道なり、豐蘆原を此の如き、瑞穗の國安國と治めたまひし大道なり、此の開國の道、則ち眞の神道なり、我が神道盛んに行はれてより後にこそ、儒道も佛道も入り來れるなれ、我が神道開闢の道未だ盛んならざるの前に儒佛の道の入り來るべき道理あるべからず、我が神道、卽ち開闢の大道先づ行はれ、十分に事足るに隨ひてより後、世上に六かしき事も出來るなり、其の時にこそ、儒も入用、佛も入用なれ、是れ誠に疑ひなき道理なり、譬ば未だ嫁のなき時に夫婦喧嘩あるべからず、未だ子幼少なるに、親子喧嘩あるべからず、嫁有つて後に夫婦喧嘩あり、子生長して後に親子喧嘩あるなり、此の時に至つてこそ、五倫五常も悟道治心も、入用となるなれ。然るを世人此の道理に暗く、治國治心の道を以て、本元の道とす、是れ大なる誤なり。夫れ本元の道は開闢の道なる事明なり。予此の迷ひを醒さん爲に「古道につもる木の葉をかきわけて天照す神の足跡を見ん」とよめり。能く味ふべし。大御神の足跡のある處、眞の神道なり。世に神道と云ふものは、神主の道にして、神の道にはあらず。甚しきに至つては、巫祝の輩が、神札を配りて米錢を乞ふ者をも神道者と云ふに至れり。神道と云ふ物、豈此の如く、卑き物ならんや、能く思ふべし。

【三十六】

綾部の城主九鬼侯、御所藏の神道の書物十卷、是れを見よとて翁に送らる。翁暇なきを以て、封を解き玉はざる事二年、翁一日少しく病あり、予をして此の書を開き、病床にて讀しめらる。翁曰く、此の書の如きは皆神に仕ふる者の道にして、神の道にはあらざるなり、此の書の類萬卷あるも國家の用をなさず。夫れ神道と云ふ物、國家の爲め今日上用なき物ならんや。中庸にも、道は須臾も離るべからず、離るべきは道にあらずと云へり。世上道を說ける書籍、大凡そ此の類なり。此の類の書あるも益なく、無きも損なきなり。予が歌に「古道に積る木の葉を搔き分けて天照す神のあし跡を見む」とよめり。古道とは皇國固有の大道を云ふ。積る木の葉とは儒佛を始め諸子百家の書籍の多きを云ふ。夫れ皇國固有の大道は、今現に存すれども、儒佛諸子百家の書籍の木の葉の爲めに蓋れて見えぬなれば、是れを見んとするには、此の木の葉の如き書籍をかき分けて、大御神の御足の跡はいづこにあるぞと、尋ねざれば、眞の神道を見る事は出來ざるなり。汝等落ち積りたる木の葉に目を付くるは大なる間違ひなり。落ち積りたる木の葉を搔き分け捨て、大道を得る事を勤めよ。然らざれば、眞の大道は、決して得る事はならぬなり。

【三十七】

翁曰く、佛書に、光明遍照十方世界、念佛衆生攝取不捨といへり。光明とは太陽の光を云ふ。十方とは東西南北乾　坤　巽　艮の八方に、天地を加へて十方と云ふなり。念佛衆生とは、此の太陽の德を念じ慕ふ、一切の生物を云ふ。夫れ天地間に生育する物、有情蠢動の物は勿論、無情の草木と雖、皆太陽の德を慕ひて、生々を念とす。此の念ある物を佛國故に念佛衆生と云ふなり。神國にては念神衆生と讀むべし。故に此の念ある者は洩さず、生育を遂げさせて捨て玉はずと云ふ事にて、太陽の大德を述べし物なり。即ち我天照大神の事なり。此の如く大陽の德は、廣大なりといへども、芽を出さんとする念慮、育てんとする氣力なき物は仕方なし。

芽を出さんとする念慮、育たんとする生氣ある物なれば、皆是を芽だたせ、育たせ給ふ、是れ太陽の大德なり。夫れ我無利足金貸附の法は、此の太陽の德に象りて、立てたるなり、故に如何なる大借といへ共、人情を失はず利足を滯りなく濟し居る者、又是非とも皆濟して他に損失を掛じ、と云ふ念慮ある者は、譬へば、芽を出したい、育ちたいと云ふ生氣ある草木に同じければ、此の無利子金を貸して引立つべし。無利子の金といへども、人情なく利子も濟さず、元金をも踏倒さんとする者は、既に生氣なき草木に同じ、所謂緣無き衆生なり、之を如何ともすべからず、捨て置くの外に道なきなり。

【三十八】

或人問ふて曰く、佛敎に色則是空空則是色といへるは、如何なる意ぞ。翁曰く、譬ば二一天作の五、二五十と云ふに同じ、只其の云ひ樣の妙なるのみなり、深意あるが如く聞ゆれども、別に深意あるにあらざるなり。夫れ天地間の萬物、眼に見ゆる物を色といひ、眼に見えざる物を、空と云へるなり。空といへば何も無きが如く思へども、既に氣あり、氣あるが故に直に色を顯すなり。譬ば氷と水との如し。氷は寒氣に依つて結び、暖氣に因つて解く、水は寒に因つて、死して氷となり、氷は暖氣に因つて、死して元の水に歸す。生ずれば滅し、滅すれば生ず。然れば、有常も有常にあらず、無常も無常にあらず。此の道理を、色則是空空則是色と說けるなり。

【二十九】

翁僧辨算に問ふて曰く、佛一代の說法無量なり。然りといへ共、區々の意あるべからず、若し一切經藏に題せん時は如何。辨算對へて曰く、經に諸惡莫作衆善奉行と云へり、此の二句以て、萬卷の一切經を覆ふべし。翁曰く、然り。

【三十】

翁曰く、佛教に極樂世界の事を說きて、赤色には赤光有り、靑色には靑光ありと云へり。極樂といへ共珍らしき事あるにあらず、人皆銘々己が家株田畑は、已に作德あり、己が商賣職業は己に利益あり、已が家屋敷は、己が安宅となり、己が家財は、己が身の用便になり、己が親兄弟は、己が身に親しく、己が妻子は己が身に樂しく、又田畑は美はしく、米麥百穀を産出し、山林は繁茂して、良材を出す、是を赤色には赤光あり、青色には青光ありといふなり。此の如くなれば、此の土卽ち極樂なり、此の極樂を得るの道、各受け得たる天祿の分內を守るにあり。若し一度天祿の分度を失はば、己が家株田畑己が作德にならず、己が商賣己が職業己が利益にならず、己が安住すべき家屋敷己が安宅にならず、己が家財己が身の用便にならず、己が妻子親族も、己に樂しからず、又田畑は荒れて米麥を生ぜず、山林は藤蔦にまとはれ野火に燒けて材木を出さず、是を赤色には赤光なし青色には青光なしといふ、苦患是れより大なるはなし、卽ち所謂地獄なり、餓鬼界に落つるものは、飢ゑて喰はんとすれば食忽に火となり、渴して飮まんとすれば水、直ちに火となると云へり、是れ卽ち人々天より賜はり、父祖より請け傳へたる天祿を利足に取られ賄賂に費し、己が衣食の足らざるは、何ぞ是に異らん、是れ苦患の極にあらずや。夫れ我が仕法は經を讀まず念佛も題目も唱へずして、此の苦罪を消滅せしめて極樂を得させ、靑色をして靑色あらしめ、赤色をして赤色あらしむるの大道なり。

【三十一】

翁曰く、世界萬般皆同じく一理なり、予一草を以て萬理を究む。儒書に其の書始めは一理を言ひ、中は散じて萬事となり、末復合して一理となる、之を放てば則ち六合に彌り之を卷けば退いて密に藏る、其の味ひ窮りなしとあり。今戯れに、一草を以て之を讀まん。曰く、此の草始めは一種なり、蒔けば發して根葉となり實法れば合して一種となる、之を蒔き植ゆれば六合に彌り、之を藏れば密に藏る、之を食すれば其の味ひ窮りなし。又佛語に、本來東西無し、何れの處に南北ある、迷ふが故に三界城、悟るが故に十方空とあり。又一草を以て之を讀まん。曰く本來根葉なし何の處に根葉ある、植ゆるが故に根葉の草、實法るが故に根葉空し呵々。

【三十二】

或人道を論じて條理なし。翁曰く、卿が說は悟道と人道と混ず、悟道を以て論ずるか、人道を以て論ずるか、悟道は人道に混ずべからず、如何となれば、人道の是とする處は、悟道に所謂三界城なり、悟道を主張すれば、人道蔑如たり、其の相隔るや、天地と雲泥とのごとし。故に先づ其の居所を定めて、然して後に論ずべし、居所定らざれば、目のなき秤を以て輕重を量るがごとく、終日辯論するといへども其の當否を知るべからず。夫れ悟道とは譬へば當年は違作ならんと、未だ耕さゞるの前に觀ずるが如きを云ふ、是を人道に用ひて違作なるべき間、耕作を休まんと云はば、人道にあらず、田畑は開拓するとも又荒るゝは自然の道なりと見るは悟道なり、而して荒るればとて、開拓せざるは人道にあらず、川附の田地洪水あれば流失すると云ふ事を平日に見るは悟道なり、然して耕さず肥しせざるは、人道にあらず、夫れ悟道は只自然の行く處を見るのみにして、人道は行き當る所まで行くべし。古語に父母に事ふる幾く諫む、志の隨はざるをみて、敬して違はず、勞して恨みずとあり、是れ人道の至極を盡せり。發句にも「いざさらば雪見にころぶ所まで」と云へり、是れ又其の心なり。故に予常に曰く、親の看病をして、最早覺束なしなど ゝ見るものは、親子の至情を盡すことあたはじ、魂去り體冷えて後も、未だ全快あらんかと思ふ者にあらざれば、盡すと云ふべからず。故に悟道と人道とは混合すべからず、悟道は只、自然の行く處を觀じて、然して勤むる處は、人道にあるなり。夫れ人倫の道とする處は、佛に所謂三界城裏の事なり、十方空を唱ふる時は、人道は滅すべし、知識を尊み娼妓を賤しむは迷なり、左はいへども如レ此迷はざれば、人倫行はれず、迷ふが故に人倫は立つなり、故に悟道は人倫に益なし、然りといへども、悟道にあらざれば、執着を脱する事能はず、是れ悟道の妙なり、人倫は譬へば繩を索ふが如し、よりのかゝるを以てよしとす、悟道は縷を戻すが如し、故によりを戻すを以て善とす、人倫は家を造るなり、故に丸木を削りて角とし曲れるを揉めて直とし、長を伐りて短とし短を繼ぎて長くし、穴を穿ち溝を掘り、然して家作を爲す、是れ則ち迷故三界城内の仕事なり、然かるを本來なき家なりと破るは悟道なり、破つて捨つる故に十方空に歸するなり、然りといへども迷と云ひ悟と云ふは未だ徹底せざる物なり、其の本源を極れば迷悟ともになし、迷といへば悟と言はざる事を得ず、悟といへば、迷と言はざる事を得ず、本來迷悟にて一圓なり。譬へば艸木の如き一種よりして、或は根を生じて、土中の潤澤をすひ、或は枝葉を發して大虛の空氣を吸ひ、花を開き實を結ぶ、是を種より見ば迷と云ふべし、然りと雖も忽ち秋風に逢へば枯れ果て本來の種に歸す、種に歸するといへども、又春陽に逢へば忽ち枝葉花實を發生す、然らば、則ち種となりたるが迷か、草となりたるが迷か、草に成りたるが本體か、種になりたるが本體か、是に因て是を觀るに、生ずるも生ずるに非ず枯るゝも枯るゝに非ず、されば無常も無常にあらず、有常も有常にあらず、皆旋轉不止の世界に住する物なればなり、予が歌に「咲けばちりちれば又さく年毎に詠め盡せぬ花のいろ〳〵」一笑すべし。

【三十三】

俗儒あり、翁の愛護を受けて儒學を子弟に教ふ、一日近村に行つて大飲し醉ふて路傍に臥し醜體を極めたり。弟子某氏の子、是を見て翌日より教へを受けず。儒生憤りて、翁に謂ひて曰く、予が所行の不善は云ふまでにあらずといへども、予が教ふる處は聖人の書なり、予が行の不善を見て併はせて聖人の道を捨つるの理あらんや、君說諭して、再び學に就かしめよ、と乞ふ。翁曰く、君憤る事なかれ、我れ譬へを以て是を解せん、爰に米あり、飯に炊いで糞桶に入れんに、君是を食はんか、夫れ元清淨なる米飯に疑なし、只糞桶に入れしのみなり、然るに、人是を食する者なし、是を食するは只犬のみ、君が學文又是におなじ、元赫々たる聖人の學なれども、卿が糞桶の口より講說する故に、子弟等聽かざるなり、其の聽かざるを不理と云ふべけんや、夫れ卿は中國の產と聞けり、誰に賴まれて此の地に來りしぞ、又何の用事ありて來りしや。夫れ家を出でずして、教へを國になすは聖人の道なり、今此處に來りて、予が食客となる、是れ何故ぞ、口腹を養ふのみならば、農商をなしてたるべし、卿何故に學問をせしや。儒生曰く、我過てり、我只人に勝たむ事のみを欲して讀書せるなり、我過てり、と云ひて謝して去れり。

【三十四】

或人論語曾點の章を問ふ。翁曰く、此の章は左程に六ヶ敷譯けにはあるまじ、三子の志餘り理屈に過ぎたれば我は點に組せんと、一轉したるのみなるべし、三子同じく皆舞雩に風して詠じて、歸へらんと云はゞ、孔子又一轉して用を節にして人を愛し、民を使ふに時を以てすとか、言忠信行篤敬などゝ云ふなるべし、別に深意あるにはあらず。則ち前言は是に戯るゝのみの類なるべし。

【三十五】

翁賣卜者の看板に、日月を畫きたるを見て、曰く、彼が看板に日月を畫きたると、佛寺にて金箔の佛像を安置すると、同じ思付きにて、佛は巧みを極め、賣卜者は、拙を極めたり。夫れ日は丸く赤く、三日月は細く白し、夫を其の儘に畫きたるは正直なりといへ共愚の至り拙の至りなり。故に尊げなし。然るに佛氏は是を人體に寫し、尤も人の尊む處の黄金の光をかりて、其の尊きを示す。佛氏の工夫の巧妙なる、賣卜者の輩の遠く及ばざる處也。

【三十六】

予暇を乞ふて歸國せんとす。翁曰く、二三男に生るゝ者、他家の相續人となるは則ち天命なり、其の身の天命にて、養家に行き、其の養家の身代を多少増殖し度く願ふは、是れ人情にして、誰にも見ゆる常の道理なり。此の外に又一つ見え難き道理あり、他家を相續すべき道理にて、他家へゆく、往く時は、其の家に勤むべき業あり、是を勤むるは天命通常の事なり、而して其の上に、又一段骨を折り、一層心を盡し養父母を安んずる様、祖父母の氣に違はぬ様にと、心を用ひ力を盡す時は、養家に於て氣が安まるとか、能く行き屆くとか、祖父母父母の心に、安心の場が出來て養父母の歡心を得る、是れ養子たる者の積德の初なり。夫れ親を養ふは子たる者の常、頑夫といへども、野人といへども養はざる者なし、其の養ふ内に、少しも能く父母の安心する様に、氣に入る様にと心力を盡す時は、父母安心して百事を任ずるに至る、是れ其の身の此の上もなき德なり、養子たる者の積德の報と云ふべし。此の理凡人には見え難し、是を農業の上に譬ふれば、米麥雜穀何にても、肥は二度爲し、草は三度取るとか、凡そ定りはあれども、其の外に一度も多く肥しを持ち、草を去り、一途に作物の榮えのみを願ひ、作物の爲に盡す時は、其の培養の爲めに作物思ふ儘に榮ゆるなり、而して秋熟するに至れば、願はずして取實俵數多く自から家を潤す事、しらず〳〵疑ひなきが如し。此の理は人々家産を増殖したく思ふと同じ道理なれども、心ある者にあらざれば解し難し。是れ所謂難解の理なり。

【三十七】

翁又曰く、茶師利休が歌に「寒熱の地獄に通ふ茶柄杓も、心なければ苦しみもなし」と云へり、此の歌未だ盡さず。如何となれば、其の心無心を尊ぶといへども、人は無心なるのみにては、國家の用をなさず。夫れ心とは我心の事なり、只我を去りしのみにては、未だ足らず、我を去りて其の上に、一心を決定し、毫末も心を動かさざるに到らざれば尊むにたらず、故に我れ常に云ふ、此の歌未だ盡さずと。今試みに詠み直さば「茶柄杓の樣に心を定めなば湯水の中も苦しみはなし」とせば可ならんか。夫れ人は一心を決定し動かさざるを尊むなり。夫れ富貴安逸を好み貧賤勤勞を厭ふは、凡情の常なり、聟嫁たる者、養家に居るは、夏火宅に居るが如く、冬寒野に出づるが如く、又實家に來る時は、夏氷室に入るが如く、冬火宅に寄るが如き思ひなる物なり。此の時其の身に天命ある事を辨へ、天命の安んずべき理を悟り、養家は我家なりと決定して、心を動かさゞる事、不動尊の像の如く、猛火背を燒くといへども動かじと決定し、養家の爲に心力を盡す時は、實家へ來らんと欲するとも其の暇あらざるべし。斯の如く勵む時は、心力勤勞も苦にはならぬ物なり、是只我を去ると、一心の覺悟決定の徹底にあり。夫れ農夫の暑寒に、田畑を耕し、風雨に、山野を奔走する。車力の車を押し、米搗の米を搗くが如き他の慈眼を以て見る時は、其の勤苦云ふべからず、氣の毒の至りなりといへども、其の身に於ては、兼て決定して、勞働に安んずるなれば、苦には思はぬなり。武士の戰場に出で野にふし山にふし、君の馬前に命を捨つるも、一心決定すればこそ出來るなれ。されば人は天命を辨へ天命に安んじ、我を去りて一心決定して動かざるを尊しとす。

【三十八】

翁又曰く、論語に大舜の政治を論じて、己を恭しくして正しく南面するのみとあり。汝國に歸り溫泉宿を渡世とせば、又己を恭しくして正しく溫泉宿をするのみと讀んで生涯忘るゝ事なかれ。此の如くせば、利益多からん、个樣になさば利德あらんなど〻、世の流弊に流れて、本業の本理を誤るべからず。己を恭しくするとは、己が身の品行を敬んで墮さゞるを云ふ、其の上に又業務の本理を誤らず、正しく溫泉宿をするのみ、正しく旅籠屋をするのみと、決定して肝に銘ぜよ。此の道理は人々皆同じ。農家は己を恭しくして、正しく農業をするのみ、商家は己を恭しくして、正しく商法をするのみ、工人は己を恭しくして、正しく工事をするのみ、此の如くなれば必ず過なし。夫れ南面するのみとは、國政一途に心を傾けて、外事を思はず、外事を爲さゞるを云ふなり、只南を向きて坐して居る、と云ふ事にあらず、此の理深遠なり、能々思考して、能く心得よ。身を修むるも、家を齊ふるも、國を治むるも、此の一つにあり。忘るゝ事勿れ。怠る事なかれ。

卷之三

【一】

山内董正氏の所藏に、左圖の幅あり。翁曰く、此の圖此の說面白しと雖も、滿の字の說、分明ならず、且つ滿を持するの說、又盡さず、論語中庸の語氣とは少しく懸隔を覺う、何の書に有りや。門人曰く、願くは滿の字の說、又滿を持するの法聞く事を得べしや。翁曰く、夫れ世の中、何を押へてか滿と云はん。百石を滿と云へば五百石八百石あり、千石を滿と云へば五千石七千石あり、萬石を滿と云へば五十萬石百萬石あり。然れば如何なるを押へて滿と定めん。是れ世人の惑ふ處なり。大凡そ書籍に云へる處、皆此の如く云ふ可くして、實際には行ひ難き事のみ。故に予は人に敎ふるに、百石の者は五十石、千石の者は五百石、總て其の半にて生活を立て、其の半を讓るべしと敎ふ。分限に依つて其の中とする處、各々異なればなり。是れ允に其の中を執れ、と云へるに基ける也。此の如くなれば各々明白にして、迷な

山内氏藏幅之縮圖

孔子觀二ル於魯桓公之廟一ヲ有二欹器一焉夫子問二テ於守廟者一ニ曰此謂二何器一ト對曰此蓋爲二宥坐之器一孔子曰吾聞宥坐之器虛ナレヘ則欹中ナレヘ則正滿ツレヘ則覆ルト明君以爲二至誠一ト故ニ常ニ置二之ヲ於坐側一ニ顧テ謂二弟子一曰試ニ注レケ水ヲ焉乃注二之ニ水ヲ一中ナレヘ則正滿ヘ則覆ル夫子喟然

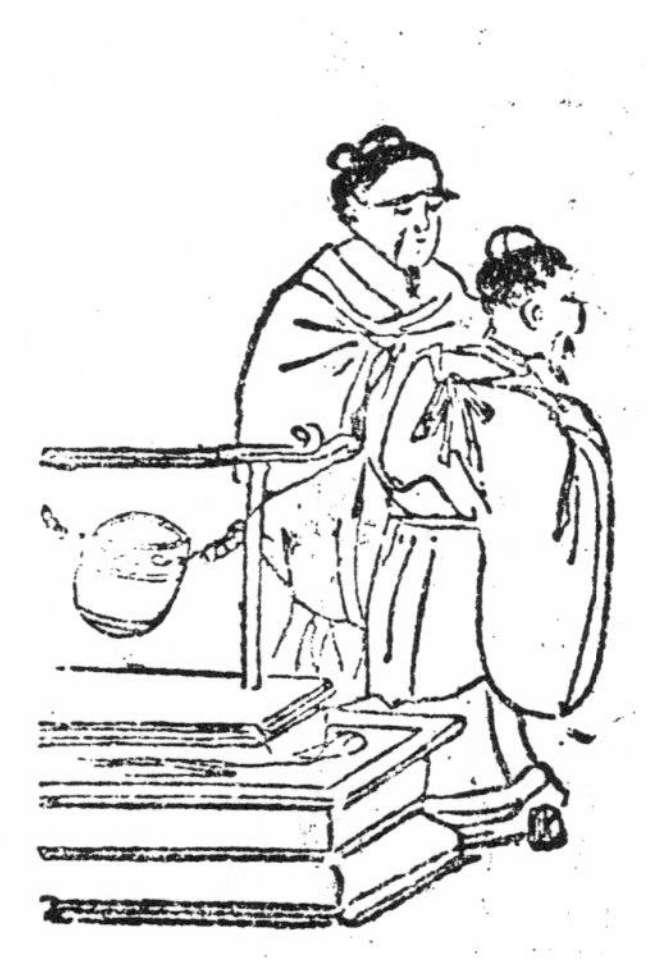

歎ヲ曰嗚呼夫物悪ツ有ン二満テ而不レ覆ラ者一哉子路進テ曰敢問持レ満ヲ有レ道乎子曰聰明睿智ナルモ守ルニ之ヲ以レ愚ヲ功被ルモ二天下一ニ守ルニ之ヲ以レ譲ヲ勇力振フモレ世ヲ守ルニ之ヲ以レ怯ヲ富有スルモ二四海ヲ一守ルニ之ヲ以レ謙ヲ此所レ謂損レ之又損スルレ之ヲ之道也

編者曰此語荀子ノ宥坐篇ニ見ヘタレド少ク異ナリ姑ク蔵幅ニ遵フ

く疑なし、此の如くに教へざれば用を成さぬなり。我が教へ是を推讓の道と云ふ。則ち人道の極なり。爰に中なれば正しと云へるに叶へり。而して此の推讓に次第あり。今年の物を來年に讓るも讓るなり、則ち貯蓄を云ふ。子孫に讓るも讓る也、則ち家産增殖を云ふ。其の他親戚にも朋友にも讓らずばある可からず、村里にも讓らずばある可からず、國家にも讓らずばある可からず、資産ある者は確乎と分度を定め法を立て能く讓るべし。

【三】

翁又曰く、世人口には、貧富驕儉を唱ふるといへども、何を貧と云ひ何を富と云ひ、何を驕と云ひ、何を儉と云ふ理を詳かにせず。天下固より大も限りなし、小も限りなし、十石を貧と云へば、無祿の者あり、十石を富といへば百石のものあり、百石を貧といへば、五十石の者あり、百石を富といへば千石萬石あり、千石を大と思へば世人小旗本といふ、萬石を大と思へば世人小大名といふ。然らば何を認めて貧富大小を論ぜん。譬へば賣買の如し、物と價とを較べてこそ、下直高直を論ずべけれ、物のみにして高下を言ふべからず、價のみにて、又高下を論ずべからざるが如し。是れ世人の惑ふ處なれば今是を詳かに云ふべし。曰く千石の村戸數一百、一戸十石に當る、是れ自然の數なり、是を貧にあらず富にあらず、大にあらず小にあらず、不偏不倚の中と云ふべし。此の中に足らざるを貧と云ひ、此の中を越ゆるを富と云ふ。此の十石の家九石にて經營むを是を儉といふ、十一石にて暮すを是を驕奢と云ふ。故に予常に曰く、中は增減の源、大小兩名の生ずる處なりと。されば貧富は一村〳〵の石高平均度を以て定め、驕儉は一己〳〵の分限を以て論ずべし。其の分限に依つては朝夕膏粱に飽き錦繡を纏ふも、玉堂に起臥するも奢りにあらず、分限に依つては米飯も奢りなり、茶も煙草も奢りなり、謾りに驕儉を論ずる事勿れ。

【三】

或問ふ推讓の論、未だ了解する事能はず。一石の身代の者五斗にて暮し、五斗を讓り、十石の者五石にて暮し、五石を讓るは、行ひ難かるべし如何。翁曰く、夫れ讓は人道なり、今日の物を明日に讓り、今年の物を來年に讓るの道を勤めざるは、人にして人にあらず、十錢取つて十錢遣ひ、廿錢取つて廿錢遣ひ、宵越しの錢を持たぬと云ふは、鳥獸の道にして、人道にあらず、鳥獸には今日の物を明日に譲り、今年の物を來年に譲るの道なし、人は然らず、今日の物を明日に譲り、今年の物を來年に譲り、其の上子孫に譲り、他に譲るの道あり、雇人と成つて給金を取り、其の半を遣ひ其の半を向來の爲に譲り、或は田畑を買ひ、家を立て、藏を立つるは、子孫へ譲るなり、是れ世間知らず〳〵人人行ふ處、即ち譲道なり。されば、一石の者五斗譲るも出來難き事にはあらざるべし、如何となれば我が爲の譲りなればなり。此の譲りは敎へなくして出來安し、是より上の譲りは敎へに依らざれば出來難し。是より上の譲りとは何ぞ、親戚朋友の爲に譲るなり、鄕里の爲に譲るなり、猶出來難きは、國家の爲に譲るなり、この譲りも到底、我が富貴を維持せんが爲なれども、眼前他に譲るが故に難きなり。家產ある者は勤めて、家法を定めて、推譲を行ふべし。或問ふ、夫れ譲りは富者の道なり、千石の村戶數百戶あり、一戶十石なり、是れ貧にあらず、富にあらざるの家なれば譲らざるも其の分なり、十一石となれば富者の分に入るが故に、十石五斗を分度と定め、五斗を譲り、廿石の者は同じく、五石を譲り、三十石の者は十石を譲る事と定めば如何。翁曰く、可なり。されど譲りの道は人道なり、人と生るゝ者、譲りの道なくば有るべからざるは論を待たずといへども、人に寄り家に寄り、老幼多きあり、病人あるあり、厄介あるあれば、毎戸法を立て、嚴に行へと云ふといへども、行はるゝ者にあらず、只富有の者に能く教へ、有志者に能く勧めて行はしむべし、而して此の道を勧むる者は、富貴榮譽之に歸し、此の道を勧めざる者は、富貴榮譽皆之れを去る、少く行へば少く歸し、大いに行へば大いに歸す、予が言ふ處必ず違はじ、世の富有る者に能く教へ度きは此の譲道なり。獨り富者のみにあらず、又金穀のみにあらず。道も譲らずばあるべからず、畔も譲らずばあるべからず、言も譲らずばあるべからず、功も譲らずばあるべからず、二三子能く勤めよ。

【四】

翁曰く、世人富貴を求めて止まる事を知らざるは、凡俗の通病なり、是を以て、永く富貴を持つ事能はず。夫れ止まる處とは何ぞや。曰く、日本は日本の人の止まる處なり、然らば此の國は、此の國の人の止まる處、其の村は其の村の人の止まる處なり、されば千石の村も、五百石の村も又同じ、海邊の村山谷の村皆然り、千石の村にして家百戸あれば、一戸十石に當る、是れ天命正に止まるべき處なり、然るを先祖の餘蔭により百石、二百石持ち居るは有難き事ならずや、然るに止まる處を知らず、際限なく田畑を買ひ集めん事を願ふは尤も淺間し、譬へば山の頂に登りて猶登らんと欲するが如し、己れ絶頂に在つて、猶下を見ずして、上而已を見るは、危し、夫れ絶頂に在つて、下を見る時は、皆な眼下なり、眼下の者は、憐むべく惠むべき道理自からあり、然る天命を有する富者にして、猶己を利せん事而已を欲せば下の者如何ぞ貪らざる事を得んや、若し上下互に利を争はば、奪はざれば飽かざるに到らん事必せり、是れ禍の起るべき元因なり恐るべし、且つ海濱に生れて、山林を羨み山家に住して漁業を羨む等尤も愚なり、海には海の利あり、山には山の利あり、天命に安んじて其の外を願ふ事勿れ。

【五】矢野定直來りて、僕今日存じ寄らず、結講の仰せを蒙り有難しと云へり。翁曰く、卿今の一言を忘れざる事、生涯一日の如くならば、益々貴く益々富み繁榮せん事疑あらじ。卿が今日の心を以て、分度と定めて土臺とし、此の土臺を蹈み違へず、生涯を終らば仁なり、忠なり孝なり、其の成る處計る可からず大凡そ人々事就りて、忽ち過つは結構に仰付けられたるを、有り内の事にして、其の結構を土臺として、蹈み行ふが故なり、其の始めの違ひ此の如し、其の末千里の違ひに至る必然なり。人々の身代も又同じ、分限の外に入る物を、分内に入れずして、別に貯へ置く時は、臨時物入不慮の入用などに、差支へると云ふ事は無き物なり。又賣買の道も分外の利益を分外として、分内に入れざれば、分外の損失は無かるべし、分外の損と云ふは、分外の益を分内に入るればなり。故に我が道は分度を定むるを以て、大本とするは、是を以てなり、分度一たび定らば、讓施の徳功、勤めずして成るべし。卿今日存じ寄らず、結構に仰付けられ有難しとの一言、生涯忘る事勿れ、是れ予が卿の爲に懇祈する處なり。

【六】

翁曰く、某藩某氏老臣たる時、矛禮讓謙遜を勤むれども用ひず、後終に退けらる。今や困乏甚しくして、今日を凌ぐ可からず。夫れ某氏は其藩、衰廢危難の時に當つて功あり、而して今斯の如く窮せり、是れ只登用せられたる時に、分限の内にせざる過ちのみ。夫れ官威盛んに富有自在の時は禮讓謙遜を盡し、官を退きて後は、遊樂驕奢たるも害なし、然る時は一點の誹なく、人其の官を妬まず、進んで勤苦し退きて遊樂するは、晝勤めて夜休息するが如く、進んでは富有に任せて遊樂驕者に耽り、退きて節儉を勤むるは、譬へば晝休息して夜勤苦するが如し、進んで遊樂すれば、人誰か是を浦山ざらん、誰か是を妬まざらん。夫れ雲助の重荷を負ふは、酒食を恣にせんが爲なり、遊樂驕者をなさんが爲に、國の重職に居るは、雲助等が爲る所に遠からず、重職に居る者、雲助の爲す處に同じくして、能く久安を保たんや、退けられたるは、當然にして、不幸にはあらざるべし。

【七】

翁又曰く、世に忠諫と云ふもの、大凡そ君の好む處に隨ひて甘言を進め、忠言に似せて實は阿諛し、己が寵を取らんが爲に君を損なふ者少からず、主たる者深く察して是を明にせずんば有る可からず。某藩の老臣某氏曾て植木を好んで多く持てり。人あり、某氏に語つて曰く、何某の父植木を好んで、多く植ゑ置きしを、其の子漁獵のみを好んで、植木を愛せず、既に拔取つて捨てんとす、予是を惜んで止めたりと、只雜話の序に語れり、某氏是を聞きて曰く、何某の無情甚しいかな、夫れ樹木の如き植ゑ置くも何の害かあらん、然かるを拔いて捨つるとは如何にも惜き事ならずや、彼捨てば我拾はん、汝宜しく計らへと、終に己が庭に移す、是れ何某なりし人、老臣たる人に取入らん爲の謀にして、某氏其の謀計に落し入られたるなり、而して某氏何某をして、忠ある者と稱し、信ある者と稱す、凡そ此の如くなれば、節義の人も、思はず知らず不義に陷るなり、興國安民の法に從事する者恐れざる可けんや。

【八】

翁曰く、太古交際の道、互に信義を通ずるに、心力を盡し、四體を勞して、交を結びしなり。如何となれば金銀貨幣少きが故なり、後世金銀の通用盛んに成りて、交際の上音信贈答皆金銀を用ふるより、通信自在にして便利極れり、是より賄賂と云ふ事起り、禮を行ふといひ、信を通ずるといひ、終に賄賂に陷り、是が爲に曲直明ならず、法度正しからず、信義廢れて、賄賂盛んに行はれ、百事賄賂にあらざれば辨ぜざるに至る。予始めて、櫻町に至る、彼の地の奸民爭ふて我に賄賂す、予塵芥だも受けず、是より善惡邪正判然として信義貞實の者初めて顯れたり。尤も恐るべきは此の賄賂なり、卿等誓ひて、此の物に汚さるゝ事なかれ。

【九】

伊東發身、齋藤高行、齋藤松藏、紺野織衞、荒專八等侍坐す、皆中村藩士なり。

翁諭して曰く、艸を刈らんと欲する者は、艸に相談するに及ばず、己が鎌を能く研ぐべし、髭を剃らんと欲する者は、髭に相談はいらず、己が剃刀を能く研ぐべし、砥に當りて、刃の付かざる刃物が、仕舞置きて刃の付きし例なし。古語に、敎ふるに孝を以てするは、天下の人の父たる者を敬する所以なり、敎ふるに悌を以てするは天下の人の兄たる者を敬する所以なり、といへり。敎ふるに鋸の目を立つるは、天下の木たる物を伐る所以なり、敎ふるに鎌の刃を研ぐは、天下の艸たる物を刈る所以なり、鋸の目を能く立つれば天下に伐れざる木なく、鎌の刃を能く研げば、天下に刈れざる草なし、故に鋸の目を能く立つれば、天下の木は伐れたると一般、鎌の刃を能く研げば、天下の艸は刈れたるに同じ、秤あれば、天下の物の輕重は知れざる事なく、桝あれば天下の物の數量は知れざる事なし。故に我が敎への大本、分度を定むる事を知らば、天下の荒地は、皆開拓出來たるに同じ、天下の借財は、皆濟成りたるに同じ、是れ富國の基本なればなり。予往年貴藩の爲に、此の基本を確乎と定む、能く守らば其の成る處量るべからず、卿等能く學んで能く勤めよ。

【一〇】

翁又曰く、爰に物あり、賣らんと思ふ時は、餝らざるを得ず、譬へば芋大根の如きも、賣らんと欲すれば、根を洗ひ枯葉を去り、田圃にある時とは其の樣を異にす、是れ賣らんと欲する故なり。卿等此の道を學ぶとも、此の道を以て、世に用ひられ、立身せんと思ふ事なかれ。世に用ひられん事を願ひ、立身出世を願ふ時は、本意に違ひ本體を失ふに至り、夫が爲に愆つ者旣に數名あり、卿等が知る所なり。只能く此の道を學び得て、自ら能く勤むれば、富貴は天より來るなり、決して他に求むる事勿れ。偖古語に富貴天にありと云へるを、誤解して、寢て居ても富貴が天より來る物と思ふ者あり、大なる心得違ひなり。富貴天に有りとは、己が所行天理に叶ふ時は、求めずして富貴の來るを云ふなり、誤解する事勿れ。天理に叶ふとは一刻も間斷なく、天道の循環するが如く、日月の運動するが如く勤めて息まざるを云ふなり。

【十二】

翁曰く、夫れ世の中に道を説きたる書物、算ふるに暇あらずといへども、一として癖なくして全きはあらざるなり、如何となれば、釋迦も孔子も皆人なるが故なり。

經書といひ、經文と云ふも、皆人の書たる物なればなり。故に予は不書の經、則ち物言はずして四時行はれ百物なる處の、天地の經文に引當て、違ひなき物を取つて、違へるは取らず、故に予が說く處は決して違はず、夫れ燈皿に油あらば、火は消えざる物としれ、火消ゆれば油盡きたりと知れ、大海に水あらば、地球も日輪も變動なしと知れ、萬一大海の水盡くる事あらば、世界は夫までなり、地球も日輪も散亂すべし、共の時までは決して違ひなき我が大道なり。夫れ我が道は、天地を以て經文とすれば、日輪に光明ある內は行はれざる事なく、違ふ事なき大道なり。

【十三】

翁曰く、家屋の事を、俗に家船ゝ家臺船と云ふ、面白き俗言なり、家をば實に船と心得ふべし。是を船とする時は、主人は船頭なり、一家の者は皆乘合ひなり、世の中は大海なり、然る時は、此の家船に事あるも、又世の大海に事あるも、皆遁れざる事にして船頭は勿論、此の船に乘り合ひたる者は、一心協力此の屋船を維持すべし。扨て此の屋船を維持するは、楫の取樣と、船に穴のあかぬ樣にするとの二つが專務なり、此の二つによく氣を付くれば、家船の維持疑ひなし。然かるに楫の取様にも、心を用ひず、家船の底に穴があきても、是を塞がんともせず、主人は働かずして、酒を呑み、妻は遊藝を樂しみ、伜は碁將棋に耽り、二男は詩を作り、歌を讀み、安閑として歳月を送り、終に家船をして、沈沒するに至らしむ、歎息の至りならずや、縱令大穴ならずとも、少しにても、穴があきたらば速かに乘合一同力を盡して、穴を塞ぎ、朝夕ともに穴のあかざる様に、能々心を用ゆべし、是れ此の乘合の者の肝要の事なり、然かるに既に、大穴明きて猶、是を塞がんともせず、各々己が心の儘に安閑と暮し居て、誰か塞いで呉れそふな物だと、待つて居て濟むべきや、助け船をのみ賴みにして居て濟むべきや、船中の乘合ひ一同、身命をも抛ちて働かずば、あるべからざる時なるをや。

【十三】

某村に貧人の若者あり、困窮甚しといへども、心掛け宜し、曰く、我が貧窮は宿世の因なるべし、是れ餘義なき事なり、何卒して、田祿を復古し、老父母を安んぜんと云ひて、晝夜農事を勉强せり。或人兩親の意なりとて、嫁を迎へん事を勸む。某曰く、予至愚且無能無藝、金を得るの方を知らず、只農業を勉强するのみ、仍て考ふるに只妻を持つ事を遲くするの外他に良策無しと決定せりと云ひて、固辭す。翁是を聞きて、曰く、善哉其の志や、事を爲さんと欲する者は勿論、一藝に志す者といへども、是を良策とすべし、如何となれば人の生涯は限りあり、年月は延ばす可からず、然らば妻を持つを遲くするの外、益を得るの策はあらざるべし、誠に善き志なり。神君の遺訓にも、己が好む處を避けて、嫌ふ處を專ら勤むべしとあり、我が道は尤も此の如き者を賞すべし、等閑に置く可からず、世話掛たる者心得あるべし。夫れ世の中好む事を先にすれば、嫌ふ處忽ちに來る、嫌ふ處を先にすれば、好む處求めずして來る、盜をなせば追手が來り、物を買へば代銀を取りに來る、金を借用すれば、返濟の期が來り、返さゞれば差紙が來る、是れ眼前の事なり。

【十四】

門人某、過て改る事あたはざるの癖あり、且つ多辯にして常に過を飾る、翁諭して曰く、人誰か過なからざらん、過と知らば、己に反求して速かに改むる是れ道なり、過て改めずして、其の過を飾り且つ押張るは、智に似たり勇に似たりといへども、實は智にあらず、勇にあらず、汝は之を智勇と思へども、是は是れ愚且つ不遜といふ物にして、君子の惡む處なり、能く改めよ。且つ若年の時に言行共に能く心を付くべし、嗚呼馬鹿な事を爲したり、爲なければよかりし、言はなければよかりし、と云ふ樣なる事のなき樣に心掛くべし、此の事なければ富貴共の中にあり、戯れにも僞りを云ふ事勿れ、僞言より大害を引起し、一言の過より、大禍を引出す事往々あり、故に古人禍は口より出づと云へり、人を誹り人を云ひ落すは不德なり、假令誹りて至當の人物なりとも、人を誹るは宜しからず、人の過を顯すは、惡事なり、虛を實に云ひなし、鷺を烏と云ひ、針程の事を、棒程に云ふは大惡なり、人を褒めるは善なれども、褒め過すは直き道にあらず、己が善を人に誇り、我長を人に說くは尤も惡し、人の忌嫌ふ事は、必ず云ふ事勿れ、自ら禍の種を植ゑるなり、愼むべし。

【十五】

翁の歌に「むかしより人の捨てざるなき物を拾ひ集めて民に與へん」とあるを、山内董正氏見て、是は人の捨たると云ふべしと云へり。翁曰く、然かる時は人捨てざれば拾ふ事あたはず、甚だ狹し、且つ捨てたるを拾ふは僧侶の道にして我が道にあらず。古歌に「世の人に欲を捨てよと勸めつゝ、跡より拾ふ寺の住職」と云へり呵々。董正氏曰く、捨てざる無き物とは如何。翁曰く、世の中、人の捨てざる物にして、無き物至つて多し、擧て數ふべからず、第一に荒地、第二に借金の雜費と暇潰し、第三に富人の驕奢、第四に貧人の怠惰等なり。夫れ荒地の如きは、捨てたる物の如くなれども、開かんとする時は、必ず持主ありて容易に手を付くべからず、是れ無き物にして、捨てたる物にあらず、又借金の利息借替成替の雜費、又同じ類なり、捨つるにあらずして、又無き物なり。其の外富者の驕奢の費、貧者の怠惰の費、皆同じ、世の中此の如く、捨つるにあらずして廢れて、無に屬するもの幾等もあるべし、能く拾ひ集めて、國家を興す資本とせば、普く濟ふて、猶餘あらん、人の捨てざる無き物を、拾ひ集むるは、我が幼年より勤むる處の道にして、今日に至る所以なり、則ち我が仕法金の本根なり、能く心を用ひて拾ひ集めて世を救ふべし。

【十六】

翁曰く、我が道は、荒蕪を開くを以て勤めとす、而して荒蕪に數種あり、田畑實に荒れたるの荒地あり、又借財嵩みて、家祿を利足の爲に取られ、祿ありて益なきに至るあり、是れ國に取つて生地にして、本人に取つて荒地なり、又薄地麁田、年貢高掛り丈けの取實のみにして、作益なき田地あり、是れ上の爲に生地にして、下の爲に荒地なり、又資產あり金力ありて國家の爲をなさず、徒に驕奢に耽り、財產を費すあり、國家に取つて尤も大なる荒蕪なり、又智あり才ありて學問もせず。國家の爲も思はず、琴棋書畫などを弄して、生涯を送るあり、世の中の爲め尤も惜むべき荒蕪なり、又身體强壯にして業を勤めず、怠惰博奕に日を送るあり、是又自他の爲に荒蕪なり、此の數種の荒蕪の內、心田荒蕪の損、國家の爲に大なり、次に田畑山林の荒蕪なり、皆勤めて起さずばあるべからず、此の數種の荒蕪を起して、悉く國家の爲に供するを以て、我が道の勤めとす「むかしより人の捨てざる無き物を拾ひ集めて民にあたへん」是れ予が志なり。

【十七】

翁曰く、孝經に孝弟の至りは神明に通じ、四海に光り、覔ばざる處なし、又東より西より、南より北より、思うて服せざる事なしと、此の語俗儒の說何の事とも解し難し。今解し易く引下して云はゞ、夫れ孝は、親恩に報うの勤めなり、弟は、兄の恩に報うの勤めなり、凡て世の中は、恩の報はずばあるべからざるの道理を能く辨知すれば、百事心の儘なる者なり、恩に報うとは、借りたる物には、利を添へて返して禮をいひ、世話に成つた人には能く謝儀をし、買物の代をば速かに拂ひ、日雇賃をば、日々拂ひ、總て恩を受けたる事を、能く考へて能く報う時は、世界の物は、實に我が物の如く何事も欲する通り、思ふ通りになる。爰に到りて、神明に通じ、四海に光り、西より東より南より北より思として、服せざる事なしとなるなり。然かるにある歌に「三度たく飯さへこはしやはらかし、思ふまゝにはならぬ世の中」

と云へり、甚だ違へり、是れ勤むる事も知らず働く事もせず、人の飯を貰ふて食ふ者などの詠めるなるべし、夫れ此の世の中は前に云へるが如く、恩に報う事を厚く心得れば、何事も思ふままなる物なり、然かるを思ふ儘にならぬと云ふは、代を拂はずして品を求め、蒔かずして、米を取らんと欲すればなり、此の歌初句をおのがたくと直して、我が身の事にせば可ならんか。

【十八】

翁曰く、子貢曰く、紂の不善此の如く甚しからず、是を以て君子は、下流に居るを惡む、天下の惡皆歸すとあり、下流に居るとは、心の下れる者と共に居るを云ふ、夫れ紂王も天子の友とすべき者、則ち上流の人をのみ友となし居らば、國を失ひ惡名を得る事も有るまじきに、婦女子佞惡者のみを、友となしたる故に、國亡びて惡是に歸したり、只紂王のみ然るにあらず、人々皆然り、常に太皷持や、三味線引などゝのみ交り居らば、忽ち滅亡に至るは必定、夫も御尤是も御尤と、錆付く者のみと交らば、正宗の名刀といへども、腐れて用立たざるに至らん、子貢はさすが、聖門の高弟なり、紂の不善此の如く甚しからずといひ、是を以て君子は、下流に居る事を悪むと教へたり、必ず紂が不善も、後世傳ふるが如く、甚しきにはあらざるなるべし、汝等自ら戒めて下流に居る事なかれ。

【十九】

翁曰く、堯、仁を以て天下を治む、民歌つて曰く、井を掘つて以て飲み、田を耕して以て喰ふ、帝の力何ぞ我に有らんやと、是堯の堯たる所以にして、仁政天下に及んで跡なきが故なり、子産の如きに至つては、孔子恵人といへり。

【二十】

翁曰く、論語に、孔子に問ふ時、孔子知らずと答ふる事しば〱あり。是は知らざるにあらず、教ふべき場合にあらざると、教ふるも益なき時となり。今日金持の家に借用を云ひ込むに、先方にて折悪く金員なしと、云ふに同じ場合なり。知らずと云ふに大なる味ひあり、能く味ひて其の意を解すべし。

【二十一】

翁曰く、哀公問ふ、年饑ゑて用足らず是を如何、有若答へて曰く、何ぞ徹せざるやと、是れ面白き道理なり。予常に人を諭す、一日十錢取つて足らずんば、九錢取るべし、九錢取つて足らずんば、八錢取るべしと、夫れ人の身代は多く取れば益々不足を生じ、少く取りても、不足なき物なり、是れ理外の理なり。

【三十二】

翁曰く、君子は、食飽かん事を求むる事なく、居安からん事を求むる事なし、仕事は骨を折り、無益の言は云はず、其の上有道に就いて正す、餘程譽むるならんと思ひしに、學を好むと云ふべきのみとあり、聖人の學は嚴なる物なり、今日の上にいはゞ、酒は呑まず仕事は稼ぎ、無益の事は爲さず、是れ通常の人なり、と云へるが如し。

【三十三】

翁曰く、儒に大極無極の論あれど、思慮の及ぶを大極と云ひ、思慮の及ばざるを、無極と云へるのみ、思慮及ばずとて、無と云ふべからず、遠海波なし遠山木なしと云へど、無きにあらず、我が眼力の及ばざるなり、是に同じ。

【三十四】

翁曰く、大學に、安んじて、而して后能く慮り、慮りて而して后能く得とあり、眞に然るべし、世人は大體苦し紛れに、種々の事を思ひ謀る故に、皆成らざるなり、安んじて而して後に能く慮りて、事を爲さば、過ちなかるべし、而して后能く得ると云へる眞に妙なり。

【三十五】

翁曰く、才智勝れたる者は、大凡そ道德に遠き物なり、文學あれば申韓を唱へ、文學なければ、三國志太閤記を引く、論語中庸などには、一言も及ばざる物なり、如何となれば道德の本理は、才智にては解せぬものなればなるべし、此の流の人は必ず行ひ安き中庸を難しと爲る物なり、中庸に賢者は之に過ぐとあり、うべなり、凡そ世人は、太閤記三國志等の俗書を好めども、甚だ宜しからず、さらでだに爭氣盛んに、僞心萠し初むる若輩の者に、かゝる書を讀ましむるは惡し、世人太閤記三國志等を能く讀めば、怜悧になるなどと云ふは誤りなり心すべし。

【三十六】

翁曰く、佛者も釋迦が有難く思はれ、儒者も孔子が尊く見ゆる內は、能く修行すべし、其の地位に至る時は、國家を利益し、世を救ふの外に道なく、世の中に益ある事を勤むるの外に道なし、譬へば山に登るが如し、山の高く見ゆる內は勤めて登るべし、登り詰れば外に高き山なく、四方共に眼下なるが如し、此の場に至つて、仰ぎて彌々高きは只天のみなり、此處まで登るを修行と云ふ、天の外に高き物ありと見ゆる內は勤めて登るべし學ぶべし。

【三十七】

翁曰く、何程勉强すといへ共、何程儉約すといへ共、歲暮に差支へる時は、勉强も勉强にあらず、儉約も儉約にあらず、夫れ先んずれば、人を制し、後るれば人に制せらるといふ事あり、儉約も先んぜざれば、用をなさず、後る時は無益なり、世の人此の理に暗し、譬へば千圓の身代、九百圓に減ると、先づ一年は他借を以て暮す、故に又八百圓に減るなり、此の時初めて儉約して、九百圓にて暮す故に、又七百圓に減る、又改革をして、八百圓にて暮す、年々此の如くなる故、勞して功なく、終に滅亡に陷るなり、此の時に至つて、我れ不運なりなどと云ふ、不運なるにあらず、後るゝが故に、借金に制せられしなり、只此の一擧、先んずると後るゝとの、違ひにあり、千圓の身代にて九百圓に減らば、速かに八百圓に引き去つて、暮しを立つべし、八百圓に減らば、七百圓に引き去るべし、之を先んずると云ふなり、譬へば難治の腫物の出來たる時は、手にても足にても斷然切つて捨つるが如し、姑息に流れ因循する時は、終に死に至り悔いて及ばざるに至る、恐るべし。

【三十八】

翁曰く、國家の盛衰存亡は、各々利を爭ふの甚しきにあり。富者は足る事をしらず、世を救ふ心なく、有るが上にも願ひ求めて、己が勝手のみを工夫し、天恩も知らず國恩も思はず、貧者は又何をかして、己を利せんと思へ共、工夫あらざれば、村費の納む可きを滯り、作德の出すべきを出さず、借りたる者を返さず、貧富共に義を忘れ、願ひても祈りても出來難き工夫のみをして、利を爭ひ、其の見込の外れたる時は身代限りと云ふ、大河のうき瀨に沈むなり、此の大河も覺悟して、入る時は、溺れ死するまでの事はなき故、又浮み出づる事も向ふ岸へ泳ぎ付く事も、あるなれども、覺悟なくして、此の川に陷る者は、再び浮み出る事も出來ず、身を終るなり、愍むべし。我が教へは世上かゝる惡弊を除きて、安樂の地を得せしむるを勤めとす。

【二十九】

翁曰く、天下國家、眞の利益と云ふものは、尤も利の少き處にある物なり、利の多きは、必ず眞の利にあらず。家の爲め土地の爲めに、利を興さんと思ふ時は、能く思慮を盡すべし。

【三十】

翁曰く、財寶を產み出して、利を得るは農工なり、財寶を運轉して、利を得るは商人なり、財寶を產み出し、運轉する農工商の大道を、勤めずして、而して富有をを振ふて、財寶を得んと欲する者多し、誤れりと云ふべし迷へりと云ふべし。
然るに世間智者と呼ばるゝ者のする處を見るに、農工商を勤めずして、只小智猾才
願ふは、譬へば水門を閉ぢて、分水を爭ふが如し、智者のする處にあらざるなり。

【三十一】

翁曰く、千圓の資本にて、千圓の商法をなす時は、他より見て危き身代と云ふな
り、千圓の身代にて、八百圓の商法をする時は、他より見て小なれど堅き身代と云
ふ、此の堅き身代と云はるゝ處に、味ひあり益あるなり、然かるを世間百圓の元手
にて、二百圓の商法をするを、働き者と云へり、大なる誤謬と云ふべし。

【三十二】

翁曰く、常人の情願は、固より遂ぐべからず、願ひても叶はざる事を願へばなり、
常人は皆金錢の少きを憂ひて、只多からん事を願ふ、若し金錢をして、人々願ふ處
の如く多からしめば、何ぞ砂石と異らんや、斯の如く金錢多くば、草鞋一足の代、
錢一把、旅泊一夜の代、錢一脊負なるべし、金錢の多きに過ぐるは、不辨利の至りと

云ふべし、常人の願望は、斯の如き事多し、願ふても叶はず、叶ふて益なき事なり、世の中は金錢の少きこそ面白けれ。

【三十三】

翁曰く、佛說面白し。今近く譬へを取つて云はゞ、豆の前世は艸なり、艸の前世は豆なりと云ふが如し。故に豆粒に向へば、汝は元艸の化身なるぞ、疑しく思はば、汝が過去を說いて聞かせん、汝が前世は艸にして、某國某の村某が畑に生れて、風雨を凌ぎ炎暑を厭ひ艸に覆はれ、兄弟を間引かれ、辛苦患難を經て、豆粒となりたる汝なるぞ、此の畑主の大恩を忘れず、又此の草の恩を能く思ひて、早く此の豆粒の世を捨てゝ元の艸となり、繁茂せん事を願へ、此の豆粒の世は、假の宿りぞ、未來の艸の世こそ大事なれと云ふが如し。又草に向へば汝が前世は種なるぞ、此の種の大恩に依つて、今艸と生れ、枝を發し葉を出し肥を吸ひ露を受け、花を開くに至れり、此の恩を忘れず、早く未來の種を願へ、此の世は苦の世界にして、風雨寒暑の患ひあり、早く未來の種となり、風雨寒暑を知らず、水火の患ひもなき土藏の中に住する身となれと云ふが如し。予佛道を知らずといへ共、大凡そ此の如くなるべし。而して世界の百艸、種になれば生ずる萠あり、生れば育つ萠あり、育てば花咲く萠あり、花さけば實を結ぶ萠あり、實を結べば落つる萠あり、落つれば又生ずる萠あり、是を不止不轉循環の理と云ふ。

【三十四】

宮原瀛洲、問ふて曰く、一休の歌に「坐禪する祖師の姿は加茂川にころび流る〻瓜か茄子か」とあり、歌の意如何、翁曰く、是は盆祭濟みて精靈棚を川に流すを見てよめるなるべし、歌の意は坐禪する僧を、嘲るに似たれども、實は大いに譽めたるなり、瓜茄子の川に流れゆくを見よ、石に當り岩に觸れても、障りなく痛みなく、沈むといへ共忽ち浮み出で、沈む事なし、是を如何なる世の變遷に遭遇するも、佛者の障りなく滯りなきを譽めて　世上の人の世變の爲に、浮瀬に沈むを賤しめ、且つ此の世のみならず、來世の事をも含ませたるなるべし。夫れ鎌倉をみよ、源家も亡び、北條も上杉も亡びて、今跡形もなけれど、其の代に建立せる、建長圓覺光明の諸寺は、現に今存在せり、則ち此の意なり、佛は元より世外の物なるが故に、世の海の風波には浮沈せず、と云ふ道理をよめる歌にして別の意あるにはあらざる可し。

【三十五】

翁曰く、天に暴風雨あり、是を防がんが爲に、四壁に大木を植ゑ、水勢の向ふ堤には、牛枠に蛇籠を設け、海岸に家あれば、亂杭に柵を掛く、是れ皆平日は無用の物なれども、暴風雨あらん時の爲に、費用を惜まずして修理するなり。夫れ天地のみ暴風雨あるにあらず、往年大磯驛、其の他所々に起りし、暴徒亂民は、則ち土地の暴風雨なり、此の暴風雨は必ず、其の地の大家に強く當る事、大木に風の強く當るが如し、地方豪家と呼ばるゝ者、此の暴徒の防ぎを爲さゞるは危うからずや。瀛洲問ふて曰く、此の豫防の方法如何。翁曰く、平日心掛けて米金を蓄へ非常災害あらんとする時、是を施與するの外、道なし。敢へて問ふ、此の豫防に備ふる金員、其の家の分限に依るといへ共、大凡そ何程位備へて相當なるべきや。翁曰く、其の家々に取りて第一等の親類一軒の交際費丈けを、年々此の豫防の爲と、別途にして米麥稗粟等を蓄へ置きて、慈善の心を表さば必ず免るべし。然りといへ共、是はこれ暴徒の豫防のみ、慈善に非ず。譬へば雨天の時、傘をさし蓑を着るに同じ、只ぬれざらんが爲のみ。

【三十六】

翁曰く、暴風に倒れし松は、雨露入りにて、既に倒れんと爲る處の木なり、大風に破れし籬も、杭朽ち繩腐れて、將に破れんとする處の籬なり。夫れ風は平等均一に吹く物にして、松を倒さんと殊更に吹くにあらず、籬を破らんと、分けて吹くに非らねば、風なくとも倒るべきを、風を待つて倒れ破れたるなり。天下の事皆然り。鎌倉の滅亡も、室町の亡滅も、人の家の滅却も皆同じ。

【三十七】

翁曰く、夫れ此の世界に咲く花は必ずちる、散るといへ共又來る春は、必ず花さく、春生する草は必ず秋風に枯る、枯るといへ共、又春風に逢へば必ず生ず、萬物皆然り。然れば無常と云ふも無常に非ず、有常と云ふも有常に非ず、種と見る間に草と變じ、草と見る間に花を開き、花と見る間に實となり、實と見る間に、元の種となる。然れば種と成りたるが本來か、草と成りたるが本來か、是を佛に不止不轉の理と云ひ、儒に循環の理と云ふ、萬物皆この道理に外るゝ事はあらず。

【三十八】

翁曰く、儒に至善に止るとあり、佛に衆善奉行と云へり。然れども其の善と云ふ物如何なる物ぞと云ふ事、慥かならぬ故に、人々善を爲す積りにて、其の爲す處皆違へり。夫れ元善惡は一圓なり。盜人仲間にては、能く盜むを善とし、人を害しても盜みさへすれば善とするなるべし。然るに世法は盜みを大惡とす、其の懸隔此の如し。而して天に善惡あらず、善惡は人道にて立てたる物なり、譬へば草木の如き、何ぞ善惡あらんや。此の人體よりして、米を善とし、莠を惡とす、食物になると、ならざるとを以てなり、天地何ぞ此の別ちあらん。夫れ莠艸は、生るも早く茂るも早し、天地生々の道に隨ふ事、速かなれば是を善艸と云ふも、不可なかるべし、米麥の如き、人力を借りて生ずる物は、天地生々の道に隨ふ事、甚だ迂濶なれば、惡艸と云ふも不可なかるべし、然るに只食ふべきと、食ふ可からざるとを以て、善惡を分つは、人體より出でたる、僻道にあらずして、何ぞ、此の理知らずばあるべからず。夫れ上下貴賤は勿論、貸す者と借る者と、賣る者と買ふ人と、又人を遣ふ者人に遣はるゝ者に引き當て、能々思考すべし、世の中萬般の事皆同じ、彼に善なれば是に惡しく、是に惡きは彼によし、生を殺して喰ふ者はよかるべけれど、喰はるゝ物には甚だ惡し、然りといへ共、既に人體あり、生物を喰はざれば、生を遂ぐる事能はざるを如何せん、米麥蔬菜といへ共、皆生物にあらずや、予此の理を盡し、「見渡せば遠き近きは無かりけり、己々が住處にぞある」と詠めるなり、され共、是は其の理を云へるのみ、夫れ人は米食ひ蟲なり、此の米食蟲の仲間にて、立てたる道は、衣食住になるべき物を、增殖するを善とし、此の三つの物を、損害するを惡と定む、人道にて云ふ處の善惡は、是を定規とするなり、此に基きて、諸般人の爲に便利なるを善とし、不便利なるを惡と立し物なれば、天道とは格別なる事論を待たず、然りといへども、天道に違ふにはあらず、天道に順ひつゝ違ふ處ある道理を知らしむるのみ。

【三十九】

翁曰く、世の中、用をなす材木は、皆四角なり、然りといへ共、天、人の爲に四角なる木を生ぜず、故に滿天下の山林に、四角なる木なし、又皮もなく、骨もなく、蒲鉾の如く半片の如き魚あらば、人の爲め便利なるべけれど、天是を生ぜず、故に、滿々たる大海に、斯の如き魚一尾もあらざるなり、又籾もなく糠もなく、白米の如き米あらば、人世此の上もなき益なれ共、天是を生ぜず、故に全國の田地に、一粒も此の米なし、是を以て、天道と人道と異る道理を悟るべし、又南瓜を植ゑれば必ず蔓あり、米を作れば必ず藁あり、是れ又自然の理なり、夫れ糠と米は、一身同體なり、肉と骨も又同じ、肉多き魚は骨も大なり、然るを糠と骨とを嫌ひ、米と肉とを欲するは、人の私心なれば、天に對しては申譯けなかるべし、然りといへども、今まで喰ひたる飯も饐へれば喰ふ事の出來ぬ人體なれば、仕方なし、能々此の理を辨明すべし、此の理を辨明せざれば、我が道は了解する事難く行ふ事難し。

【四十】

翁曰く、「咲けばちりちれば又さき年毎に、詠め盡せぬ花の色々」困窮に陷り、如何ともすべき樣なくて、賣出す物品を、安い物だと悅んで買ひ、又不運極り據なく、家を賣りて裏店へ引込めば、表店へ出て目出度しと悅ぶ者絕えずある世の中なり。「增減は器傾く水と見よこちらに增せばあちらへるなり」、物價の騰貴に大利を得る者あれば、大損の者あり、損をして悲しむあれば、利を得て悅ぶ者あり、苦樂存亡榮辱得失こちらが增すとあちらの減るとの外になし、皆是れ自他を見る事能はざる半人足の、寄合ひ仕事なり。「喰へばへり減れば又喰ひいそがしや、永き保ちのあらぬ此の身ぞ」屋根は銅板で葺き、藏は石で築くべけれ共、三度の飯を一度に喰ひ置く事は出來ず、やがて寒さが來るとて、着物を先に着て置くと云ふ事も出來ぬ人身なり、されば長くは生られぬは天命なり。「腹くちく喰ふてつきひく女子等は、佛にまさる悟なりけり」、我が腹に食滿つれば寐て居るは、犬猫を始め心無き物の常情なり、然るに食事を濟ますと、直ちに明日喰ふべき物を拵らへるは、未來の明日の大切なる事を、能く悟る故なり、此の悟りこそ人道必用の悟なれ。此の理を能く悟れば、人間は夫にて事足るべし、是れ我が敎へ、悟道の極意なり。悟道者流の悟りは、悟るも悟らざるも、知るも知らざるも、共に害もなし益もなし。「我といふ其の大元を尋ぬれば、食ふと着るとの二つなりけり」人間世界の事は政事も敎法も、皆此の二つの安全を計る爲めのみ。其の他は枝葉のみ潤色のみ。

【四十二】

翁曰く、世の中、とかく、増減の事に付き、さわがしき事多かれど、世上に云ふ増減と云ふ物は、譬へば水を入れたる器の、彼方此方に傾くが如し、彼方増せば此方減り、此方増せば彼方減るのみ、水に於いては増減ある事なし、彼方にて田地を買つて悦べば、此方に田地を賣つて歎く者あり、只彼方此方の違ひあるのみ、本來増減なし。予が歌に「増減は器傾く水と見よ」と云へる通りなり。夫れ我が道の尊む増殖の道は夫と異なり、直ちに天地の化育を贊成するの大道にして、米五合にても麥一升にても、芋一株にても、天つ神の積み置かせらるゝ無盡藏より、鍬鎌の鍵を以て此の世上に取出す大道なり。是を眞の增殖の道と云ふ、尊むべし務むべし。

「天つ日の惠み積み置く無盡藏鍬でほり出せ鎌でかりとれ」

【四十二】

翁曰く、夫れ日月淸明、風雨順時を祈るの念は、天下の祈願所の神官僧侶は、忘るゝ時多かるべし。入作小作の作德を賴みに、生活を立つる、賤女賤男に至つては、苗代の時より刈り收むる日までは、片時も忘るゝ暇あるべからず、其の情、實に憐むべし。予此の情を、歌に述べんと思へども、意を盡す事あたはず、言葉足らざれば、聞え難からんか「諸共に無事をぞ祈る年每に種かす里の賤女賤の男」

【四十三】

翁曰く、善因には善果あり、惡因には惡果を結ぶ事は、皆人の知る處なれども、目前に萠して、目前に顯るゝ物なれば、人々能く恐れ能く謹みて、善種を植ゑ惡種を除くべきなれども、如何せん、今日蒔く種の結果は、目前に萠さず、目前に現れずして、十年廿年乃至四十年五十年の後に現るゝ物なるが故に、人々迷ふて懼れず。歎はしき事ならずや。其の上に又前世の宿縁あり、如何ともすべからず、是れ世の人の迷の根元なり。然れども世の中萬般の事物、元因あらざるはなく、結果あらざるはなし、一國の治亂一家の興廢、一身の禍福皆然り、恐れ愼むで迷ふ事勿れ。

【四十四】

翁曰く、方今の世の中は虛にても、差支へなきが如くなれども、是は其の相手も、又虛なればなり、虛と虛なるが故に、隙なく滯りなし、譬へば雲助仲間の突合の如し、若し虛を以て、實に對する時は、直ちに差支ふべし、譬へば百枚の紙、一枚とれば知れざるが如しといへども、九十九枚目に到つて不足す、百間の繩を五寸切るも同樣、九十九間目に到つて、其の足らざるを知る、人の身代一日十錢取つて、十五錢遣ひ、廿錢取つて、廿五錢遣ふ時は年の暮迄は、しれずといへども、大晦日に至つて、その不足あらはるゝなり、虛の實に對すべからざる此の如し。

【四十五】

翁曰く、貧となり富となる、偶然にあらず、富も因つて來る處あり、貧も因つて來る處あり。人皆貨財は富者の處に集ると思へども然らず、節儉なる處と勉強する處に集るなり、百圓の身代の者、百圓にて暮す時は、富の來る事なく貧の來る事なし、百圓の身代を八十圓にて暮し、七十圓にて暮す時は、富是に歸し財是に集る、百圓の身代を百廿圓にて暮し、百三拾圓にて暮す時は貧是に來り財是を去る、只分外に進むと、分內に退くとの違ひのみ。或歌に「有りといへば有りとや人の思ふらむ呼べば答ふる山彥の聲」と云へる如く、世人今有れども其の有る原因を知らず。「無といへば無しとや人の思ふらんよべは答ふる山彥の聲」にて、世人今なきも其の無きもとを知らず。夫れ今有る物は、今に無くなり、今無きものは今にあり、譬へば今有りし錢のなくなりしは、物を買へばなり、今無き錢の今あるは勤むればなり、繩一房なへば五厘手に入り、一日働けば十錢手に入るなり、今手に入る十錢も、酒を吞めば直ちになし、明白疑なき世の中なり。中庸に曰く、誠なれば則ち明なり、明なれば則ち誠なりと、繩一房なへば五厘となり、五厘遣れば繩一房來る、晴天白日の世の中なり。

【四十六】

翁曰く、山畑に粟稗實法る時は猪鹿小鳥までも出で來りて、是を取り食ふ、禮もなく法もなく、仁義もなし、己々が腹を養ふのみ、粟を育てんと肥をする猪鹿もなく、稗を實法らせんと艸を取る鳥もなし、人にして禮法なき、何ぞ是と異らむ。予が戯れに詠める歌に、「秋來れば山田の稻を猪と猿、人と夜晝爭ひにけり」夫れ檢見に來る地方官は、米を取らん爲なり、檢見を受くる田主も作徳を取らん爲なり、作主は元よりなり、されども、皆仁あり義あり、法あり禮あるが故に、心中には爭へども、亂に及ばぬなり、若し此の三人の內、一人仁義禮法を忘れて、私欲を押し張らば忽ち亂るべし、世界は禮法こそ尊けれ。

【四十七】

或問ふ、地獄極樂と云ふ物實にありや、翁曰く、佛者はありといへども、取り出して人に示す事は出來ず、儒者はなしといへども、又往きて見きはめたるにはあらず、ありといふもなしと云ふも、共に空論のみ、然りといへども人の死後に、生前の果報はなくて、叶はざる道理なり、儒者のなしと云ふは、三世を說かざるに依る、佛は三世を說くなり、一つは說かず一は說くも、三世は必ずあり、されば地獄極樂なしと云ふべからず、見る事ならざればとて、なしと極むべからず、扨て地獄極樂はありといへども、念佛宗にては、念佛を唱ふる者は極樂へゆき、唱へざる者は地獄へおつと、法華宗にては妙法を唱ふる者は浮み、唱へざる者は沈むと、又甚しきは寺へ金穀を納める者は極樂へゆき、納めざる者は地獄におつと、斯の如き道理は決してあるべからず、夫れ元地獄は惡事をなしたる者の、死してやらるゝ處、極樂は善事をなしたる者の、死してゆく處なる事疑ひなし　夫れ地獄極樂は勸善懲惡の爲にある物にして、宗旨の信不信の爲に、ある物にあらざる事明らかなり、迷ふべからず疑ふべからず。

【四十八】

翁曰く、鐘には鐘の音あり、鼓には鼓の音あり、笛には笛の音あり、音各々異なりといへども、其の音たるや一なり、只其の物に觸れて、響きの異なるのみ、是を別々の音に聞くを、佛道にて、迷といひ、是を只一音に聞くを、悟と云ふが如し、されども、是を悉く別音に聞きて、其の内をも幾箇にも分ちて聞かざれば、五音六律分たざる故、調樂は出來ぬなり、水も朱にすられて赤くなり、藍に和して青く成るといへども、地に戻せば元の清水と成るに同じ、音は空にして打てばひゞき、打たざれば止む、音の空に消ゆるは、打たれたる響の盡きたるなり、されば神と云ひ儒といひ佛と云ふも、本來は一なり、一の水を酒屋にては酒といひ、酢屋にては酢と云ふが如き違ひのみ。

【四十九】

翁曰く、衣は寒さを凌ぎ、食は飢を凌ぐのみにてたれる物なり、其の外は皆無用の事なり、官服は貴賤を分つ目印にて、男女の服は只粧ひのみ、婦女子の紅白粉と何ぞ異らむ、紅白粉なくとも婦人にてあれば、結婚に支へなし。飢を凌ぐ爲の食、寒さを凌ぐ爲の衣は、智愚賢不肖を分たず、學者にても無學者にても悟りても迷うても、離るゝ事は出來ぬ物なり、是を備ふる道こそ人道の大元、政道の本根なり。予が歌に「飯と汁木綿着物ぞ身を助く、其の餘は我をせむるのみなり」と詠めり、是れ我道の悟門なり、能々徹底すべし。予若年より食は飢を凌ぎ、衣は寒さを凌ぎて足れりとせり、只此の覺悟一にして今日に及べり、我が道を修行し施行せんと思ふ者は、先づ能く此の理を悟るべきなり。

【五十】

翁某の驛の旅舍に宿泊せらる、床に「人常に菜根を咬み得ば則ち百事做すべし」と書ける幅あり。翁曰く、菜根何の功能ありて、然るかと考ふるに、是は麁食になれて、夫を不足に思はざる時は、爲す事皆成就すと云ふ事なり。予が歌に、「飯と汁木綿着物」とよめるに同じ、能き教訓なり。又傍に「かくれ沼の藻にすむ魚も天傳ふ日の御影にはもれじとぞ思ふ」とかける短冊あり。翁曰く、此の歌面白し。夫れ米は地より生ずる樣なれども、元は天より降るに同じ、太陽日々、天より照す處の溫氣が、地に入り、其の力にて米穀は熟するなり、春分耕し初むる頃より、秋分實法るまでを、尺杖の如く圖して見よ、十日照れば、十日丈け、一月照れば一月丈け、地に米穀となるべき溫氣が入りて居る故、假令其の間に雨天冷氣等ありといへども、夫まで照り込んで居る丈けは實法るなり、然れども人力を盡さゞれば、實法少きは、耕し鋤き搔きの功多ければ、太陽の溫氣地に入る事多きが故なり、地上萬物一つとして、天日の御影にもれたる物はなし、海底の水草すら雨天冷氣の年は繁茂せずと云へり、左もあるべし、此の歌、歌人の詠るには珍らし。

【五十二】

翁曰く、富と貧とは、元遠く隔つ物にあらず、只少しの隔てなり、其の本源只一つの心得にあり、貧者は昨日の爲に今日勤め、昨年の爲に今年勤む、故に終身苦んで其の功なし、富者は明日の爲に今日勤め、來年の爲に今年勤め、安樂自在にして、成す事成就せずと云ふ事なし、然るを世の人、今日飲む酒無き時は借りて飲み、今日食ふ米なき時は、又借りて食ふ、是れ貧窮すべき元因なり、今日薪を取りて、明朝飯を炊き、今夜繩を索ふて、明日籬を結ばゝ、安心にして、差支へなし、然るを貧者の仕方は、明日取る薪にて、今夕の飯を炊かんとし、明夜索ふ縄を以て、今日籬を結ばんとするが如し、故に苦しんで功成らず、故に予常に曰く、貧者草を刈らんとする時、鎌なし、之を隣に借りて、草を刈る常の事なり、是れ貧窮を免るゝ事能はざるの元因なり、鎌なくば先づ日雇取りを爲すべし、此の賃錢を以て、鎌を買ひ求め、然る後に草を刈るべし、此の道は則ち開闢元始の大道に基く物なるが故に、卑怯卑劣の心なし、是れ神代の古、豐蘆原に天下りし時の、神の御心なり、故に此の心ある者は、富貴を得、此の心なき者は、富貴を得る事能はず。

【五十二】

翁曰く、我が教へは、徳を以て徳に報うの道なり、天地の徳より、君の徳、親の徳、祖先の徳、其の蒙る處人々皆廣大なり、之に報うに我が徳行を以てするを云ふ、君恩には忠、親恩には孝の類、之を徳行と云ふ、扨て此の徳行を立てんとするには、先づ己々が天祿の分を明かにして、之を守るを先とす、故に予は入門の初めに分限を取調べて、能く辨へさするなり、如何と成れば、大凡そ富家の子孫は我が家の財産は何程ありや、知らぬ者多ければなり、論語に師冕見ゆ、皆坐す、子の曰く、某は斯にありと、師冕出づ、子張問うて曰く、師と言ふの道か、子の曰く然り、固より師を助くるの道なり、とあり、予が人を教ふる　先づ分限を明細に調べ、汝が家株田畑何町何反歩、此の作益金何圓、内借金の利子、何程を引き、殘り何程なり、是汝が暮すべき、一年の天祿なり、此の外に取る處なく、入る處なし、此の內にて勤儉を盡して、暮して立て、何程か餘財を讓る事を勤むべし、是れ道なり、是れ汝が天命にして、汝が天祿なりと、皆此の如く教ふるなり、是れ又心盲の者を助くるの道なり、夫れ入るを計りて、天分を定め、音信贈答も、義理も禮義も、皆此の內にて爲すべし、出來ざれば、皆止むべし、或は之を吝嗇と云ふ者ありとも、夫は言ふ方の誤りなれば、意とする事勿れ、何となれば此の外に取る處なく、入る物なければなり、されば義理も交際も出來ざれば爲さゞるが、則ち禮なり義なり道なり、此の理を能々辨へて、惑ふ事勿れ、是れ德行を立つる初めなり、己が分度立たざれば德行は立たざる物と知るべし。

【五十三】

翁曰く、人生尊ぶべき物は、天祿を第一とす　故に武士は天祿の爲に、一命を拋つなり、天下の政事も神儒佛の教へも、其の實衣食住の三つの事のみ、黎民飢ゑず凍えざるを王道とす、故に人たる者は、愼んで天祿を守らずばあるべからず、固く天祿を守る時は、困窮艱難の患ひなし、假初にも、我が天祿を賤むの心出る時は、困窮艱難忽ちに至る、夫れ天祿の尊き事は云ふ迄もなし、日々の衣食住其の他、履き物笠傘よりして、鼻をかむ紙迄も、皆天祿分内の物なり、嫁は他家より來る者といへども、云ひもてゆけば、天祿の中より來ると云はんも違へるにあらず。然るに我が此の方法は、天祿なき者に天祿を授け、天祿の破れんとするを補ひ、天祿の衰へたるを、盛んに爲し、且つ天祿を分外に增殖し、天祿を永遠に維持するの教へなれば、尊き事論を俟たず、古語に血氣ある者、尊信せざる事なしと、いへるは我が道の事なり。

【五十四】

翁曰く、某藩士某、東京詰にて、顯職を勤めたり、一朝退勤の命あり、歸國せんとす、予往きて暇を告げ、且曰く、卿が是迄の驕奢、實に以外の事なりといへども、職務なれば、是非無し、今歸國せんとす、是迄用ふる處の、衣類諸道具等は皆分不相應の品なり、是を持ち歸る時は、卿が驕奢退かず、妻子厄介も同じく奢侈止らざるべし、然る時は卿が家、財政の爲に滅亡に至らん、恐れざるべけんや、刀は折れず、曲らざる、利刀の外飾なきを殘し、其の他は衣類諸道具、一切是迄用ひし物品は殘らず、親戚朋友懇意出入の者等に、形見として悉く與へ、不斷着寢卷の儘にて、只妻子而已を具して、歸國して、一品も國に持ち行く事勿れ、是れ奢侈を退け、驕意を斷つの祕傳なり、然らざれば妻子厄介迄染込んだる奢侈決して退かず、卿が家終に亡びん事鏡に掛けて見るが如し、迷ふ勿れと懇々敎へたれど、某用ふる事能はず、一品を殘さず、船に積みて持ち歸り、此の物品を、賣り〳〵生活を立て終に賣盡して、言ふ可からざるの、困窮に陷り果たり、歎ずべし。是れ分限を忘れ、驕奢に馴れて、天をも恐れず人をも憚らざるの過ちなり、我が驕奢、誠に分に過ぎたりと心付かば、同藩に對しても、憚らずば有るべからず、是れ驕奢に馴れて自驕奢と知らざるが故なり歎ずべし。

【五十五】

高野丹吾歸國せんとす、翁曰く、伊勢の國鳥羽の湊より、相模國浦賀の湊までの間に大風雨の時、船の掛るべき湊は、只伊豆國の下田湊のみ、故に燈明臺あり、大風雨の時は、この燈臺の明りを目的として、往來の船は下田湊に入るなり。此の脇に妻良子浦と云ふ處あり、岸巖高く大岩多く、船路なき處なり、此の邊に惡民有つて風雨の夜、此の處の岸上に火を焚きて、下田の燈臺と、見違ふ樣にしければ、難風を凌がんと、燈臺を見當に走り來る船、燈臺の火と見紛ひ入り來る勢ひに、大岩に當り破船すること數度なり、この破船の積荷、物品を奪ひ取り隱し置きて分配せし事、度々有りし由、終には發覺し皆刑せられたりと聞けり、己が聊かの欲心の爲に、船を破り人命を損じ、物品を流失せしむ、惡き仕業ならずや、我が仕法にも又是に似たる事あり、烏山の燈臺は菅谷氏なり、細川家の燈臺は中村氏なるに、二氏の精神半途に變じ、前の居處と違へるが爲に、二藩の仕法目的を失ひ今困難に陥れり、假初にも、人の師表たらん者、恐れざるべけんや、愼まざるべけんや。貴藩の如きは、草野氏池田氏の如き、大燈明上にあれば、安心なりといへども、卿も又成田坪田二村の爲には大燈明なり、萬一心を動かし、居處を移すが如き事あらば、二村の仕法の破れん事、船の岩に當れるが如し。されば二村の盛衰安危、卿が一身にあり、能々感銘せらるべし、二村の爲卿が爲、此の上もなき大事なり、卿能く此の決心を定め、不動佛の、猛火脊を燒くといへども、動かざる如くならば、二村の成業に於ては囊中の物を探るよりも安し、卿が心さへ動かざれは、村民は卿を目的となし、船頭の船路を見て、おも梶取り梶と呼ぶが如く、驕奢に流れぬ樣おも梶と呼んで直し、遊惰に流れぬ樣取り梶と呼んで漕ぐのみ、然る時は興國安民の寶船卿が所有の成田丸坪田丸は、成就の岸に、安着せん事疑ひなし、此の時君公の御悦びは如何計りぞや、草野池田の二氏の滿足も如何計りならんや、勤めよや〳〵。

【五十六】

高野氏旅粧成りて暇を乞ふ。翁曰く、卿に安全の守を授けん、則ち予が詠める「飯と汁木綿着物は身を助く、其の餘は我をせむるのみなり」の歌なり、歌拙しとて輕視する事勿れ、身の安全を願はゞ此の歌を守るべし、一朝變ある時に我が味方と成る物は、飯と汁木綿着物の外になし、是は鳥獸の羽毛と同じく何方迄も味方なり、此の外の物は、我が身の敵と知るべし、此の外の物、內に入るは敵の內に入るが如し、恐れて除き去るべし、是式の事は、是位の事はと云ひつゝ、自許す處より人は過つ物なり、初は害なしといへ共、年を經る間に思はず知らず、いつか敵と成つて、悔ゆる共及ばざる場合に立至る事あり、夫れ此の位の事はと自許す處の物は、猪鹿の足跡の如く、隱す事能はず、終に我が足跡の爲に猪鹿の獵師に得らるゝに同じ、此の物內に無き時は、暴君も汚吏も、如何共する事能はず、進んで我が仕法を行ふ者、愼まずばあるべからず、必ず忘るゝ事勿れ、高野氏叩頭して謝す、波多八郎傍にあり、曰く、古歌に「かばかりの事は浮世の習ひぞと、ゆるす心のはてぞ悲しき」と云へるあり、教戒によりて思ひ出でたり、予も感銘せりと云ひ生涯忘れじと誓ふ。

【五十七】

翁曰く、人の神魂に就きて、生ずる心を眞心と云ふ、則ち道心なり。身體に就きて生ずるを私心と云ふ、則ち人心なり。人心は譬へば、田畑に生ずる莠草の如し、勤めて耘り去るべし、然せざれば、作物を害するが如く、道心を荒す物なり、勤めて私心の草を耘り、米麥を培養するが如く、工夫を用ひ、仁義禮智の德性を養ひ育つ可し、是れ身を修め家を齊ふるの勤めなり。

卷之四

【一】

翁曰く、論語に曰く、信なれば則ち民任ずと、兒の母に於ける、己れ何程に大切と思ふ物にても、疑はずして母には預くる物なり、是れ母の信、兒に通ずればなり。予が先君に於ける又同じ。予が櫻町仕法の委任は、心組の次第一々申立つるに及ばず、年々の出納計算するに及ばず、十ケ年の間任せ置く者也とあり、是れ予が身を委ねて、櫻町に來りし所以なり、扨て此の地に來り、如何にせんと熟考するに皇國開闢の昔、外國より資本を借りて、開きしにあらず、皇國は、皇國の德澤にて、開けたるに相違なき事を、發明したれば、本藩の下附金を謝絶し、近鄕富家に借用を賴まず、此の四千石の地の外をば、海外と見做し、吾れ神代の古に、豐葦原へ天降りしと決心し、皇國は皇國の德澤にて開く道こそ、天照大御神の足跡なれと思ひ定めて、一途に開闢元始の大道に據りて、勉强せしなり。夫れ開闢の昔、葦原に一人天降りしと覺悟する時は、流水に潔身せし如く、潔き事限りなし、何事をなすにも此の覺悟を極むれば、依賴心なく、卑怯卑劣の心なく、何を見ても、浦山敷き事なく、心中清淨なるが故に、願ひとして成就せずと云ふ事なきの場に至るなり、この覺悟、事を成すの大本なり、我が悟道の極意なり、此の覺悟定まれば、衰村を起すも、廢家を興すもいと易し、只此の覺悟一つのみ。

【三】

翁曰く、惰風極り、汚俗深染の村里を新にするは、いとも難き業なり、如何となれば、法戒む可からず、令行はる可からず、教施す可からず、之をして精勵に赴かしめ、之をして義に向はしむる、豈難からずや、予昔櫻町陣屋に來る、配下の村々至惰、至汚、如何共すべき樣なし、之に依て予深夜、或は未明、村里を巡行す、惰を戒むるにあらず、朝寝を戒むるにあらず、可否を問はず、勤惰を言はず、只自の勤めとして、寒暑風雨といへども怠らず、一二月にして、初めて足音を聞きて驚く者あり、又足跡を見て怪む者あり、又現に逢ふ者あり、是より相共に戒心を生じ、惡心を抱き、數月にして、夜遊博奕鬪爭等の如きは、勿論夫妻の間、奴僕の交、叱咤の聲無きに至れり、諺に權兵衛種を蒔けば烏之を掘る、三度に一度は追はずばなるまいと云へり、是れ鄙俚戲言といへ共、有職の人は知らずば有る可からず、夫れ烏の田圃を荒すは、烏の罪にあらず、田圃を守る者追はざるの過なり、政道を犯す者の有るも、官之を追はざるの過なり、之を追ふの道も又權兵衛が追ふを以て勤めとして、捕ふるを以て本意とせざるが如く、あり度き物なり、此の戲言政事の本意に適へり、鄙俚の言といへども、心得ずば有るべからず。

【三】

翁又曰く、凡そ田畑の荒るゝ其の罪を惰農に歸し、人口の減ずるは、產子を育てざるの惡弊に歸するは、普通の論なれ共、如何に愚民なればとて、殊更田畑を荒して自ら困窮を招く者あらんや。人禽獸にあらず、豈親子の情なからんや。然るに產子を育てざるは、食乏しくして生育の、遂げ難きを以てなり、能く其の情實を察すれば、憫然是より甚しきはあらず、其の元は賦稅重きに堪えざるが故に、田畑を捨てて作らざると、民政届かずして、堤防溝洫道橋破壞して、耕作出來難きと、博奕盛んに行はれ、風俗頽廢し、人心失せ來て、耕作せざるとの三なり、夫れ耕作せざるが故に、食物減ず、食物減ずるが故に人口減ずるなり、食あれば民集り、食無ければ民散ず、古語に重んずる處は、民食葬祭とあり、尤も重んずべきは民の米櫃なり、譬へば此の坐に蠅を集めんとするに、何程捕へ來りて放つ共追ひ集むるとも、決して集まるべからず、然るに食物を置く時は、心を用ひずして、忽ちに集るなり、之を追拂ふ共決して逃げ去らざる事眼前なり、されば聖語に食を足すとあり、重んずべきは人民の米櫃なり、汝等又己が米櫃の大切なる事を忘るゝ事勿れ。

【四】

或來り訪ふ。翁曰く、某の家は無事なりや。曰く、某の父稼穡に勤勞する事、村內無比なり、故に作益多く豊かに經營來りしに、其の子惡き事はなしといへども、稼穡を勤めず、耕耘培養行屆かず、只蒔いては刈り取るのみ、好き肥しを用ふるは損なりなど云ひて、田畑を肥すの益たるを知らず、故に父死して、僅かに四五年なるに、上田も下田となり、上畑も下畑となりて、作益なく今日は經營にも、差閊へる樣になれりと。翁左右を顧みて曰く、卿等聞けりや、是れ農民一家の事なれども、自然の大道理にて、天下國家の興廢存亡も又同じ、肥を以て作物を作ると、財を散じて領民を撫育し、民政に力を盡すとの違ひのみ、夫れ國の廢亡するは民政の屆かざるにあり、民政屆かざるの村里は、堤防溝洫先ず破損し、道路橋梁次に破壞し、野橋作場道等は通路なきに至るなり、堤防溝洫破損すれば川付きの田畑は先づ荒蕪す、用惡水路破壞すれば、高田卑田は耕作すべからず、道路惡しければ牛馬通ぜず、肥料行屆かず、精農の者といへども、力を盡すに困却し、之が爲に耕作するといへども作益なし、故に人家手遠、不便の地は捨てて耕さゞるに至る。耕さゞるが故に、食物減ず、食物減ずるか故に人民離散するなり、人民離散して、田畑荒るれば租稅の減ずるは、眼前ならずや、租稅減ずれば、諸侯窮するは當然の事なり、前の農家の興廢と、少しも違ふ事なし、卿等心を用ひよ、譬へば上國の田畑は溫泉の如し、下國の田畑は冷水の如し、上國の田地は耕耘行屆かされども、作益ある事溫泉の自然に溫なるが如し、下國の田畑は冷水を溫湯にするが如くなれば、人力を盡せば作益ありといへども、人力を盡さゞれば作益なし、下國邊境人民離散し田畑荒蕪するは是が爲なり。

【五】

翁曰く、江川縣令問うて曰く、卿櫻町を治むる數年にして、年來の惡習一洗し、人民精勵に赴き、田野開け民聚ると聞けり、感服の至り也、予、支配所の爲に、心を勞する事久し、然して少しも效を得ず、卿如何なる術かあると。予答へて曰く、君には君の御威光あれば、事を爲す甚だ安し、臣素より無能無術、然りといへども御威光にても理解にても、行はれざる處の、茄子をならせ、大根を太らする事業を、慥かに心得居る故、此の理を法として、只勤めて怠らざるのみ。夫れ草野一變すれば米となる、米一變すれば飯となる、此の飯には、無心の鷄犬といへども、走り集り、尾を振れといへば、尾を振り、廻れといへば廻り、吠えよといへば吠ゆ、鷄犬の無心なるすら、此の如し、臣只此の理を推して、下に及ぼし至誠を盡せるのみ、別に術あるにはあらずと答ふ。是より予が年來實地に執り行ひし事を談話する事六七日なり、能く倦まずして聽かれたり、定めて支配所の爲に、盡されたるなるべし。

【六】

翁曰く、我が道は至誠と實行のみ、故に鳥獸蟲魚草木にも皆及ぼすべし、況んや人に於けるをや。故に才智辯舌を尊まず、才智辯舌は、人には說くべしといへども、鳥獸草木を說く可からず。鳥獸は心あり、或は欺くべしといへども、草木をば欺く可からず。夫れ我が道は至誠と實行となるが故に、米麥蔬菜瓜茄子にても、蘭菊にても、皆是を繁榮せしむるなり、假令知謀孔明を欺き、辯舌蘇張を欺くといへども、辯舌を振つて草水を榮えしむる事は出來ざるべし、故に才智辯舌を尊まず、至誠と實行を尊ぶなり、古語に至誠神の如しと云ふといへども、至誠は則ち神と云ふも、不可なかるべきなり、凡そ世の中は智あるも學あるも、至誠と實行とにあらざれば事は成らぬ物と知るべし。

【七】

翁曰く、朝夕に善を思ふといへども、善事を爲さゞれば、善人と云ふべからざるは、晝夜に惡を思ふといへども、惡を爲さゞれば、惡人と云ふべからざるが如し。故に人は悟道治心の修行などに暇を費さんよりは、小善事なりとも、身に行ふを尊しとす。善心發らば速かに是を事業に表すべし、親ある者は親を敬養すべし、子弟ある者は子弟を教育すべし、飢人を見て哀れと思はゞ、速かに食を與ふべし。惡き事仕たり、われ過てりと心付くとも、改めざれば詮なし、飢人を見て哀れと思ふとも、食を與へざれば功なし、故に我が道は實地實行を尊ぶ。夫れ世の中の事は實行にあらざれば、事はならざる物なればなり、譬へば菜蟲の小なる、是を求むるに得べからず、然れども菜を作れば求めずして自ら生ず、孑孑の小なる、是を求むるに得べからず、桶に水を溜めおけば自ら生ず、今此の席に蠅を集めんとすとも、決して集らず、捕へ來りて放つとも、皆飛びさる、然るに飯粒を置く時は集めずして集るなり。能々此の道理を辨へて、實地實行を勤むべし。

【八】

翁曰く、凡そ物、根元たる者は、必ず卑き物なり、卑しとて、根元を輕視するは過なり。夫れ家屋の如き、土臺ありて後に、床も書院もある如し、土臺は家の元なり、是れ民は國の元なる證なり。扨諸職業中、又農を以て元とす、如何となれば、自作つて食ひ、自織て着るの道を勤むればなり、此の道は一國悉く、是をなして、差閊へ無きの事業なればなり、然る大本の業の賤しきは、根元たるが故なり、凡そ物を置くに、最初に置きし物、必ず下になり、後に置きたる物、必ず上になる道理にして、是れ則ち農民は、國の大本たるが故に賤きなり、凡そ事天下一同に之を爲して、閊へなき業こそ大本なれ。夫れ官員の顯貴なるも、全國皆官員とならば如何、必ず立つ可からず、兵士の貴重なるも、國民悉く兵士とならば同じく立つ可からず、工は缺く可からざるの職業なりといへども、全國皆工ならば、必ず立つ可からず、商となるも又同じ。然るに農は、大本なるを以て、全國の人民皆農となるも、閊へなく立ち行く可し、然れば農は萬業の大本たる事、是に於て明了なり、此の理を究めば、千古の惑ひ破ぶれ、大本定りて、末業自ら知るべきなり、故に天下一般是をなして、問あるを末業とし、問なきを本業とす、公明の論ならずや、然れば農は本なり、厚くせずば有る可からず、養はずば有る可からず、其の元を厚くし、其の本を養へば、其の末は自繁榮せん事疑ひなし、扨て枝葉とて猥りに折る可からずと雖ども、其の本根衰ふる時は、枝葉を伐り捨て根を肥すぞ、培養の法となる。

【九】

翁曰く、創業は難し守るは易しと、守るの易きは論なしといへども、滿ちたる身代を、平穩に維持するも又難き業なり、譬へば器に水を滿ちて、之を平に持つて居れと、命ずるがごとし、器は無心なるが故に、傾く事はあらねど、持つ人の手が勞るゝか、空腹になるか、必ず永く平に持つて居る事は、出來ざるに同じ。扨て此の滿を維持するは、至誠と推讓の道にありといへども、心正平ならざれば、之を行ふに至つて、手違ひを生じ、折角の至誠推讓も水泡に歸する事あるなり。大學に心忿懥する所、恐懼する所、好樂する處、憂患する處あれば、則ち其の正を得ず、と云へり、實に然るなり、能く心得べし。能く研きたる鏡も中凹き時は顔瘦せて見え、中凸き時は顔太りて見ゆるなり、鏡面平ならざれば、能く研ぎたる鏡も、其の詮なく、顔ゆがみて見ゆるに同じ。心正平ならざれば、見るも聞くも考ふも、皆ゆがむべし、愼まずばあるべからず。

【十】

世の中刄物を取り遣りするに、刄の方を我が方へ向け、柄の方を先の方にして出すは、是れ道德の本意なり、此の意を能く押弘めば、道德は全かるべし、人々此の如くならば、天下平かなるべし。夫れ刄先を我方にして、先方に向けざるは其の心、萬一誤りある時、我身には疵を付くるとも、他に疵を付けざらんとの心なり。萬事此の如く心得て我が身の上をば損す共、他の身の上には損は掛じ、我が名譽は損する共、他の名譽には疵を付けじと云ふ精神なれば、道德の本體全しと云ふべし、是より先きは此の心を押擴むるのみ。

【十二】

翁曰く、人の身代は大凡そ數ある物なり、譬へば鉢植の松の如し、鉢の大小に依つて、松にも大小あり、緑を延び次第にする時は、忽ち枯氣付く物なり、年々に緑をつみ、枝をすかしてこそ美しく榮ゆるなれ、是れ心得可き事なり、此の理をしらず、春は遊山に緑を延し、秋は月見に緑を延ばし、斯の如く據なき交際と云ひては枝を出し、親類の付合と云ひては梢を出し、分外に延び過ぎ、枝葉次第に殖えゆくを、伐り捨てざる時は、身代の松の根、漸々に衰へて、枯れ果つべし、されば其の鉢に應じたる枝葉を殘し、不相應の枝葉をば、年々に伐りすかすべし、尤も肝要の事なり。

【十三】

翁曰く、樹木を植ゑるに、根を伐る時は、必ず枝葉をも切り捨つべし、根少くして、水を吸ふ力少なければ枯るゝ物なり、大いに枝葉を伐りすかして、根の力に應ずべし、然かせざれば枯るゝなり、譬へば人の身代稼ぎ人が缺け家株の減ずるは、植替へたる樹の、根少くして水を吸上ぐる力の、減じたるなり、此の時は仕法を立て、大いに暮し方を縮めざるを得ず、稼ぎ人少き時大いに暮せば、身代日々減少して、終に滅亡に至る、根少くして、枝葉多き木の、終に枯るゝに同じ、如何とも仕方なき物なり、暑中といへども、木の枝を大方伐り捨て、葉を殘らずはさみ取りて、幹を菰にて包みて植ゑ、時々此の菰に水をそゝぐ時は、枯れざる物なり、人の身代も此の理なり、心を用ふべし。

【十三】

翁曰く、樹木老木となれば、枝葉美しからず、萎縮して衰ふる物なり、此の時大いに枝葉を伐りすかせば、來春は枝葉瑞々敷く、美しく出る物なり、人々の身代も是に同じ、初めて家を興す人は、自常人と異なれば、百石の身代にて五十石に暮すも、人の許すべけれど、其の子孫となれば百石は百石丈け、二百石は二百石丈けの事に、交際をせざれば、家内も奴婢も他人も承知せざる物なり、故に終に不足を生ず、不足を生じて、分限を引き去る事を知らざれば、必ず滅亡す、是れ自然の勢免れざる處なり、故に予常に推讓の道を教ゆ、推讓の道は百石の身代の者、五十石にて暮しを立て、五十石を讓るを云ふ、此の推讓の法は我が教へ第一の法にして、則ち家產維持且つ漸次增殖の方法なり、家產を永遠に維持すべき道は、此の外になし。

【十四】

大和田山城、楠公の旗の文なりとて、左の文を寫し來りて眞僞如何と問ふ。

楠公旗文

非 は理に勝つ事あたはす
理 は法に勝つ事あたはす
法 は權に勝つ事あたはす
權 は天に勝つ事あたはす
天 は明らかにして私なし

翁曰く、理法權と云ふ事は、世に云ふ事なり、非理法權天と云へるは珍らし、世の中は此の文の通りなり、如何なる權力者も、天には決して、勝つ事出來ぬなり、譬へば理ありとて頼むに足らず、權に押さるゝ事あり、且つ理を曲げても法は立つべし、權を以て法をも壓すべし、然りといへども、天あるを如何せん、俗歌に「箱根八里は馬でも越すが馬で越されぬ大井川」と云へり、其の如く人と人との上は智力にても、辯舌にても、威權にても通らば通るべけれど、天あるを如何せん、智力にても、辯舌にても、威權にても、決して通る事の出來ぬは天なり、此の理を佛には無門關と云へり、故に平氏も源氏も長久せず、織田氏も豐臣氏も二代と續かざるなり、されば恐るべきは天なり、勤むべきは事天の行ひなり、世の强欲者、此の理を知らず、何處迄も際限なく、身代を大にせんとして、智を振ひ腕を振ふといへども、種々の手違ひ起りて進む事能はず、又權謀威力を頼んで專ら利を計るも、同じく失敗のみありて、志を遂ぐる事能はざる、皆天あるが故なり、故に大學には止る處を知れと、教へたり、止る處を知れば、漸々進むの理あり、止る處を知らざれば、必ず退歩を免れず、漸々退歩すれば終に滅亡すべきなり、且つ天は明かにして私なしと云へり、私なければ誠なり、中庸に誠なれば明らかなり、明らかなれば誠なり、誠は天の道なり、之を誠にするは人の道なりとあり、之を誠にするとは、私を去るを云ふ、則ち己に克つなり、六かしき事はあらじ、其の理よく聞えたり、其の眞僞に至つては予が知る處にあらず。

【十五】

或問ふ「春は花秋は紅葉と夢うつゝ寢ても醒ても有明の月」、とは如何なる意なるや、翁曰く、是は色卽是空空卽是色、と云へる心を詠めるなり、夫れ色とは肉眼に見ゆる物を云ふ、天地間森羅萬象是なり、空とは肉眼に見えざる物を云ふ、所謂玄の又玄と云へるも是なり、世界は循環變化の理にして、空は色を顯し、色は空に歸す、皆循環の爲に變化せざるを得ざる是れ天道なり、夫れ今は野も山も眞靑なれども、春になれば、梅が咲き、桃櫻咲き爛漫馥郁たり、夫も見る間に散り失せ、秋になれば、麓は染りぬ、峰も紅葉しぬ、實に錦繡をも欺むけりと詠むるも、一夜木枯吹けば、見る影もなくちり果つるなり、人も又同じく、子供は育ち、若年は老年になり、老人は死す、死すれば又產れて、新陳交代する世の中なり、さりとて悟りたる爲に、花の咲くにあらず、迷ひたるが爲に、紅葉の散るにあらず、悟りたる爲に、産るゝにあらず、迷ひたる爲に、死するにもあらず、悟つても迷つても、寒い時は寒く、暑い時は暑く、死ぬ者は死し、生るゝ者は生れて、少しも關係なければ、是をねても覺ても、在明の月と詠めるなり、別意あるにあらず、只悟道と云ふ物も、敢て益なきものなる事を、よめるなり。

【十六】

神儒佛の書、數萬巻あり、それを研究するも、深山に入り坐禪するも、其の道を上り極むる時は、世を救ひ、世を益するの外に道は有るべからず、若し有りといへば、邪道なるべし、正道は必ず世を益するの一つなり、縱令學問するも、道を學ぶも、此處に到らざれば葎蓬の徒にはひ廣がりたるが如く、人世に用無き物なり、人世に用なき物は、尊ぶにたらず、廣がれば廣がる程、世の害なり、幾年の後か、聖君出でて、此の如き無用の書は燒捨てる事もなしといふべからず、燒捨てる事なきも、荒蕪を開くが如く、無用なる、葎蓬を刈り捨て、有用の道の廣まる、時節もなしと云ふべからず、兎も角も、人世に益なき書は、見るべからず、自他に益なき事は、爲すべからず、光陰は矢の如し、人生は六十年といへども、幼老の時あり、疾病あり、事故あり、事を爲すの日は至つて少ければ、無用の事はなす勿れ。

【十七】

青柳又左衞門曰く、越後の國に、弘法大師の法力に依り、水油地中より湧き出で、今に到つて絶えずと。翁曰く、奇は奇なりといへども、只其の一所のみ、尊ぶに足らず、我が道は夫と異にして、尤も奇なり、何國にても、荒地を起して菜種を蒔き、其の實法を得て、是を油屋に送れば、種一斗にて、油二升は急度出でて、永代絶えず、是れ皇國固有天祖傳來の大道にして、肉食妻帶暖衣飽食し、智愚賢不肖を分たず、天下の人をして、皆行はしむべし、是れ開闢以來相傳の大道にして、日月の照明ある限り、此の世界有らん限り、間違ひなく行はるゝ道なり、されば大師の法に勝れる、萬々ならずや、且つ我が道又大奇特あり、一錢の財なくして、四海の困窮を救ひ、普く施し海内を富饒にして猶餘りあるの法なり、其の方法只分度を定むるの一のみ、予是を相馬、細川、烏山、下館等の諸藩に傳ふ、然りといへども、是は諸侯大家にあらざれば、行ふべからざるの術なり、此の外に又術あり、原野を變じて田畑となし、貧村を變じて福村となすの術なり、又愚夫愚婦をして、皆爲さしむ可き術あり、山家に居て海魚を釣り、海濱に居て深山の薪を取り、草原より米麥を出し、爭はずして必ず勝つの術なり、只一人をして、能くせしむるのみにあらず、智愚を分たず、天下の人をして皆能くせしむ、如何にも妙術にあらずや、能く學んで國に歸り、能く勤めよ。

【十八】

翁又曰く、杣が深山に入つて木を伐るは、材木が好きにて伐るにはあらず、炭燒が炭を燒くも、炭が好きにて燒くにはあらず、夫れ杣も炭やきも、其の職業さへ勉强すれば、白米も自然に山に登り、海の魚も、里の野菜も、酒も油も皆自ら山に登るなり、奇々妙々の世の中といふべきなり。

【十九】

翁曰く、世界、人は勿論、禽獸蟲魚草木に至るまで、凡そ天地の間に、生々する物は、皆天の分身と云ふべし。何となれば孑孑にても蜉蝣にても草木にても、天地造化の力をからずして、人力を以て生育せしむる事は、出來ざればなり、而して人は其の長たり、故に萬物の靈と云ふ、其の長たるの證は、禽獸蟲魚草木を、我が勝手に支配し、生殺して何方よりも咎めなし、人の威力は廣大なり、されど本來は、人と禽獸草木と何ぞ分たん、皆天の分身なるが故に、佛道にては、悉皆成佛と說けり、我が國は神國なり、悉皆成神と云ふべし、然るを世の人、生きて居る時は人にして、死して佛となると思ふは違へり 生きて佛なるが故に、死にて佛なるべし、生きて人にして 死して佛となる理あるべからず、生きて鯖の魚が死して鰹節となるの理なし、林にある時は松にして伐つて杉となる木なし、されば生前佛にて、死して佛と成り、生前神にして、死して神なり、世に人の死せしを祭つて、神とするあり、是れ又生前神なるが故に神となるなり、此の理明白にあらずや、神と云ひ、佛と云ひ名は異なりといへども實は同じ、國異なるが故に名異なるのみ、予此の心をよめる歌に「世の中は草木もともに神にこそ死して命のありかをぞしれ」「世の中は草木もともに生如來死して命の有かをぞしれ」呵々。

【三十】

翁曰く、儒に循環と云ひ、佛に輪廻轉生と云ふ、則ち天理なり、循環とは春は秋になり、暑は寒に成り、盛は衰に移り、富は貧に移るを云ふ、輪轉と云ふも又同じ、而して佛道は、輪轉を脱して、安樂國に往生せん事を願ひ、儒は天を畏れ天に事へて泰山の安きを願ふなり、予が教ふる所は貧を富にし衰を盛にし、而して循環輪轉を脱して、富盛の地に住せしむるの道なり。夫れ菓木今年大いに實法れば、翌年は必ず實法らざる物なり、是を世に年切りと云ふ、是の循環輪轉の理にして然るなり、是を人爲を以て年切りなしに、毎年ならするには枝を伐りすかし、又蕾の時につみとりて、花を減し、數度肥を用ふれば、年切りなくして、毎年同樣に實法る物なり。人の身代に盛衰貧富あるは、則ち年切りなり、親は勉強なれど子は遊惰とか、親は節儉なれど子は驕奢とか、二代三代と續かざるは、所謂年切りにして循環輪轉なり、此の年切りなからん事を願はゞ、菓木の法に傚ひて予が推讓の道を勤むべし。

【三十一】

翁曰く、人の心よりは、最上無類淸淨と思ふ米も、其の米の心よりは、糞水を最上無類の好き物と思ふなるべし、是も叉循環の理なり。

【三十二】

或曰く、女大學は、貝原氏の著なりといへど、女子を壓する甚だ過ぎたるにあらずや。翁曰く、然らず、女大學は婦女子の敎訓、至れり盡せり、婦道の至寶と云ふべし、斯の如くなる時は、女子の立つべき道なきが如しといへ共、是れ女子の敎訓書なるが故なり、婦女子たる者、能く此の理を知らば、齊はざる家はあらじ、舜の瞽瞍に仕へしは、則ち子たる者の道の極にして、同一の理なり。然りといへども若し男子にして女大學を讀み、婦道はかゝる物と思ふは以ての外の過ちなり。女大學は女子の敎訓にして、貞操心を鍛錬するための書なり、夫れ鐵も能々鍛錬せざれば、折れず曲らざるの刀とならざるが如し、總て教訓は皆然り、されば、男子の讀むべき物にあらず、誤解する事勿れ、世に此の心得違ひ往々あり。夫れ教へは各々異なり、論語を見ても知らるべし、君には君の教へあり、民には民の教へあり、親には親、子には子の教へあり、君は民の教へを學ぶ事勿れ、民は君の教へを學ぶ勿れ、親も又然り、子も又然り、君民親子夫婦兄弟皆然り、君は仁愛を講明すべし、民は忠順を道とすべし、親は慈愛、子は孝行、各々己が道を違へざれば、天下泰平なり、之に反すれば亂なり、男子にして、女大學を讀む事勿れと云ふは、是が爲なり、譬へば教訓は病に處する藥方の如し、其の病に依つて施す物なればなり。

【三十三】

翁の家に親しく出入する某なる者の家、嫁と姑と中惡しく、一日其の姑來つて、嫁の不善を並べ喋々せり。翁曰く、是れ因緣にして是非なし、堪忍するの外に道なし、夫れ共其の方若き時、姑を大切にせざりし報いにはあらずや、兎に角嫁の非を數へて益なし、自ら省みて堪忍すべしと、いともつれなく言ひ放ちて歸さる、翁曰く、是れ善道なり、斯の如く言ひ聞かす時は、姑必ず省る處ありて、向來の治り、幾分か宜しからん、斯る時に坐なりの事を言ひて共々に嫁を惡く云ふ時は、姑彌々嫁と中惡敷くなる者なり、總て是等の事、父子の中を破り嫁姑の親みを奪ふに至る物なり、心得ずばあるべからず。

【三十四】

翁曰く「郭公鳴つる方をながむれば、只有明の月ぞ殘れる」此の歌の心は譬へば鎌倉の繁花なりしも、今は只跡のみ殘りて物淋しき在樣なりと、感慨の心をよめるなり、只鎌倉のみにはあらず、人々の家も又然り、今日は家藏建並べて人多く住み賑しきも、一朝行違へば、身代限りとなり、屋敷のみ殘るに至る、恐れざるべけんや、愼まざる可けんや、惣て人造物は、事ある時は皆亡びて、殘る物は天造物のみぞと云ふ、心を含みて詠めるなり、能く味ひて其の深意を知るべし。

【三十五】

翁曰く、凡そ萬物皆一つにては、相續は出來ぬ物なり。夫れ父母なくして生ずる物は草木なり、草木は空中に半分幹枝を發し、地中に半分根を挿して生育すればなり、地を離れて相續する物は、男女二つを結び合せて倫をなす、則ち網の目の如し、夫れ網は糸二筋を寄せては結び、寄せては結びして網となる、人倫も其の如く男と女とを結び合せて、相續する物なり、只人のみならず、動物皆然り、地を離れて相續する物は、一粒の種二に割れ、其の中より芽を生ず、一粒の内陰陽あるが如し、且天の火氣を受け、地の水氣を得て、地に根をさし、空に枝葉を發して生育す、則ち天地を父母とするなり、世人草木の地中に根をさして、空中に育する事をば知るといへども、空中に枝葉を發して、土中に根を育する事を知らず、空中に枝葉を發するも、土中に根を張るも一理ならずや。

【三十六】

翁曰く、世上一般、貧富苦樂と云ひ喋げども世上は大海の如くなれば、是非なし、只水を泳ぐ術の上手と下手とのみ、船を以て用便する水も、溺死する水も水に替りはあらず、時によりて風に順風あり逆風あり、海の荒き時あり穏かなる時あるのみ、されば溺死を免がるゝは、泳ぎの術一つなり。世の海を穩かに渡るの術は、勤と儉と讓の三つのみ。

【三十七】

翁曰く、凡そ世の中は陰々と重りても立たず、陽々と重るも又同じ、陰陽々々と並び行はるゝを定則とす、譬へば寒暑晝夜水火男女あるが如し、人の步行も右一步左一步、尺蠖蟲も、屈しては伸び、屈しては伸び、蛇も左へ曲り右に曲りて此の如くに行くなり、疊の表や莚の如きも、下へ入つては上に出、上に出ては下に入り、麻布の麁きも羽二重の細かなるも皆同じ、天理なるが故なり。

【三十八】

翁曰く、火を制する物は水なり、陽を保つ物は陰なり、世に富者あるは貧者あるが爲なり、此の貧富の道理は、則ち寒暑晝夜陰陽水火、男女相持ち合つて相續するに同じ、則ち循環の道理なり。

【三十九】

翁曰く、飲食店に登りて、人に酒食を振舞ふとも拂ひがなければ、馳走せしとは云ふ可らず、不義の財を以てせば、日々三牲の養ひを用ふといへども、何ぞ孝行とせん、禹王の飲食を薄うし、衣服を悪うし、と云へるが如く、出所が慥かならざれば孝行にはあらぬなり、或人の發句に「和らかにたけよことしの手作麥」是れ能く其の情を盡せり、和らかにと云ふ一言に孝心顯れ、一家和睦の姿も能く見えたり、手作麥と云へるに親を安んずるの意言外にあふる、よき發句なるべし。

【三十】

翁曰く、世の中大も小も限りなし。浦賀港にては米を數ふるに、大船にて一艘二艘と云ひ、藏前にては、三藏四藏と云ふなり、實に俵米は數を爲さざるが如し、然れども、其の米大粒なるにあらず、通常の米なり、其の粒を數ふれば一升の粒六七萬有るべし、されば一握りの米も、其の數は無量と云ひて可なり　まして其の米穀の功德に於てをや　春種を下してより、稲生じ風雨寒暑を凌ぎて、花咲き實のり、又こきおろして、搗き上げ白米となすまで、此の丹精容易ならず實に粒々辛苦なり、其の粒々辛苦の米粒を日々無量に食して命を繼ぐ、其の功德、又無量ならずや、能く思ふべし、故に人は小々の行ひを積むを尊むなり、予が日課繩索の方法の如きは、人々疑はずして勤むるに進む、是れ小を積みて大を爲せばなり、一房の繩にても、一錢の金にても、乞食に施すの類にあらず、實に平等利益の正業にして、國家興復の手本なり。大なる事は人の耳を驚かすのみにして人々及ばずとして、退けば詮無き物なり。縱令退かざるも、成功は遂げ難き物なり、今爰に數萬金の富者ありといへども、必ず其の祖其の先一鍬の功よりして、小を積んで富を致せしに相違なし、大船の帆柱、永代の橋杭などの如き、大木といへども、一粒の木の實より生じ、幾百年の星霜を經て、寒暑風雨の艱難を凌ぎ、日々夜々精氣を運んで、長育せし物なり、而して昔の木の實のみ長育するにあらず、今の木の實といへども、又大木となる疑ひなし、昔の木の實今の大木、今の木の實後世の大木なる事を、能々辨へて大を羨まず、小を耻ぢず、速かならん事を欲せず、日夜怠らず勤むるを肝要とす「むかし蒔く木の實大木と成りにけり今蒔く木の實後の大木ぞ」。

【三十一】

或人一飯に、米一勺づゝを減ずれば、一日に三勺、一月に九合、一年に一斗餘、百人にて十一石、萬人にて百十石なり、此の計算を人民に諭して富國の基を立てんと云へり。翁曰く、此の教諭、凶歳の時には宜しといへ共、平年此の如き事は、云ふ事勿れ、何となれば凶歳には食物を殖す可からず、平年には一反に一斗づゝ取り増せば一町に一石、十町に十石、百町に百石、萬町に萬石なり、富國の道は、農を勸て米穀を取り増すにあり、何ぞ減食の事を云はんや、夫れ下等の人民は平日の食十分ならざるが故に、十分に食ひたしと思ふこそ常の念慮なれ、故に飯の盛方の少きすら快よからず思ふ物なり、さるに一飯に一勺づゝ少く喰へなどゝ云ふ事は、聞くも忌々しく思ふなるべし、佛家の施餓鬼供養にホドナンバンナムサマダと繰返し〳〵唱ふるは、十分に食ひ玉へ、澤山に食ひ玉へ、と云ふ事なりと聞けり、されば施餓鬼の功德は、十分食へと云ふにあり、下等の人民を諭さんには、十分に喰つて十分に働け、澤山喰つて骨限り稼げと諭し、土地を開き米穀を取り増し、物産の繁殖する事を勤むべし、夫れ勞力を增せば、土地開け物產繁殖す、物產繁殖すれば商も工も隨つて繁榮す、是れ國を富すの本意なり。人或は云はん土地を開くべき地なしと、予が目を以て見る時は、何國も皆半開なり、人は耕作仕付あれば皆田畑とすれ共、濕地乾地不平の地、麁惡の地、皆未だ田畑と云ふ可からず、全國を平均して、今三回も開發なさゞれば、眞の田畑とは云ふべからず、今日の田畑は只耕作差支へなく出來るのみなり。

【三十二】

翁曰く、凡そ事を成さんと欲せば、始めに其の終りを詳かにすべし。譬へば木を伐るが如き未だ伐らぬ前に、木の倒るゝ處を、詳かに定めざれば、倒れんとする時に臨んで如何共仕方無し、故に、予印旛沼を見分する時も、仕上げ見分をも、一度にせんと云ひて、如何なる異變にても、失敗なき方法を工夫せり。相馬侯、興國の方法依賴の時も、着手より以前に百八十年の收納を調べて、分度の基礎を立てたり。是れ荒地開拓、出來上りたる時の用心なり、我が方法は分度を定むるを以て本とす、此の分度を確乎と立て、之を守る事嚴なれば荒地何程あるも、借財何程あるも、何をか懼れ何をか患へん、我が富國安民の法は、分度を定むるの一つなればなり。夫れ皇國は、皇國丈けにて限れり、此の外へ廣くする事は決してならず、然れば十石は十石、百石は百石、其の分を守るの外に道はなし、百石を二百石に增し、千石を二千石に增す事は、一家にて相談はすべけれども、一村一同に爲る事は決して、出來ざるなり、是れ安きに似て甚だ難事なり、故に分度を守るを我が道の第一とす、能く此の理を明かにして、分を守れば、誠に安穩にして、杉の實を取り、苗を仕立て、山に植ゑて、其の成木を待つて樂しむ事を得るなり、分度を守らざれば先祖より讓られし大木の林を、一時に伐り拂ひても、間に合はぬ樣に成り行く事、眼前なり、分度を越ゆるの過恐るべし、財產ある者は、一年の衣食、是にて足ると云ふ處を定めて、分度として多少を論ぜず分度外を讓り、世の爲をして年を積まば、其の功德無量なるべし、釋氏は世を救はんが爲に、國家をも妻子をも捨てたり、世を救ふに志あらば、何ぞ我が分度外を、讓る事のならざらんや。

【三十三】

翁曰く、某の村の富農に怜悧なる一子あり、東京聖堂に入れて、修行させんとて父子同道し來りて暇を告ぐ、予之を諭すに意を盡せり、曰く夫は善き事なり、然りといへ共、汝が家は富農にして、多く田畑を所持すと聞けり、されば農家には尊き株なり、其の家株を尊く思ひ、祖先の高恩を有難く心得、道を學んで、近郷村々の人民を教へ導き、此の土地を盛んにして、國恩に報いん爲に、修行に出るならば誠に宜しといへども、祖先傳來の家株を、農家なりと賤しみ、六かしき文字を學んで只世に誇らんとの心ならば大いなる間違ひなるべし。夫れ農家には農家の勤めあり、富者には富者の勤めあり、農家たる者は何程大家たりといへども、農事を能く心得ずば有るべからず、富者は何程の富者にても、勤儉して餘財を讓り、郷里を富し、土地を美にし、國恩に報ぜずばあるべからず、此の農家の道と富者の道とを勤むるが爲にする學問なれば、誠に宜しといへども、若し然らず、先祖の大恩を忘れ、農業は拙し、農家は賤しと思ふ心にて學問せば、學問益々放心の助けとなりて、汝が家は滅亡せん事疑ひなし、今日の決心汝が家の存亡に掛れり、迂濶に聞く事勿れ、予が云ふ處決して違はじ、汝一生涯學問するとも、斯る道理を發明する事は必ず出來まじ、又此の如く教戒する者も、必ず有るまじ、聖堂に積みてある萬卷の書よりも、予が此の一言の、教訓の方尊かるべし、予が言を用ゐれば、汝が家は安全なり、用ひざる時は汝が家の滅亡眼前にあり、然れば、用ひばよし、用ふる事能はずば二度予が家に來る事勿れ、予は此の地の廢亡を、興復せんが爲に來りて居る者なれば、滅亡などの聞は聞くも忌々し、必ず來る事勿れと、戒めしに、用ふる事能はずして、東京に出たり、修業未だ成らざるに、田畑は皆他の所有となり、終に子は醫者となり、親は手習師匠をして、今日を凌ぐに至れりと聞けり、痛しからずや、世間此の類の心得違ひ往々あり、予が其の時の口ずさみに「ぶん／＼と障子にあぶの飛ぶみれば、明るき方へ迷ふなりけり」といへる事ありき、痛しからずや。

【三十四】

門人某、若年の過にて、所持品を質に入れ遣ひ捨て退塾せり。某の兄なる者、再び入塾を願ひ、金を出し、質入品を受戻して本人に渡さんとす、翁曰く、質を受くるは其の分なりといへども、彼は富家の子なり、生涯質入れなどの事は、爲す可き者にあらず、不束至極といへども、心得違ひなれば是非なし、今改めんと思はゞ質入品は打捨てて可なり、一日も質屋の手に掛りし衣服は、身に付けじと云ふ位の精神を立てざれば、生涯の事覺束なし、過と知らば速かに改め、惡しと思はゞ速かに去るべし、穢き物手に付けば、速かに洗ひ去るは世の常なり、何ぞ質入したる衣服を、受け戻して、着用せんや、過つて質を入れ、改めて受け戻すは困窮の家の子弟の事なり、彼は忝くも富貴の大徳を生れ得てある大切の身なり、君子は固く窮すとある通り、小遣ひがなくば遣はずに居り、只生れ得たる大徳を守りて失はざれば、必ず富家の聟と成つて、安穩なるべし、此の如き大徳を、生れ得て有りながら、自此の大徳を捨て、此の大徳を失ふ時は再び取返す事出來ざる也、然る時は藝を以て活計を立つるか、自稼がざれば生活の道なきに至るべし、長芋すら腐れかゝりたるを、圍ふには、未だ腐れぬ處より切り捨てざれば、腐り止らず、されば質に入れたる衣類は、再び身に附けじと云ふ精神を振起し、生れ得たる富貴の德を失はざる勤めこそ大切なれ、惡友に貸したる金も、又同じく打ち捨つべし、返さんと云ふとも、取る事勿れ、猶又貸すとも、惡友の緣を絕ち、惡友に近付かぬを專務とすべし、是れ能く心得べき事なり、彼が如きは身分をさへ謹みて、生れ得たる德を失はざれば、生涯安穩にして、財寶は自然集り、隨分他の窮をも救ふべき大德、生れながら備る者なり、能く此の理を諭して誤らしむる事勿れ。

【三十五】

翁曰く、山谷は寒氣に閉ぢて、雪降り凍れ共、柳の一芽開き初むる時は山々の雪も、谷々の氷も皆夫れ迄なり、又秋に至り、桐の一葉落ち初むる時は、天下の青葉は又夫れ迄なり、夫れ世界は自轉して止まず、故に時に逢ふ者は育ち、時に逢はざる物は、枯るゝなり、午前は東向きの家は、照れ共、西向きの家は蔭り、午後は西に向く物は日を受け、東に向く物は蔭るなり。此の理を知らざる者、惑ふて我れ不運なりといひ、世は末になれりなど、歎くは誤ちなり、今爰に幾萬金の負債あり共、何萬町の荒蕪地あり共、賢君有つて此の道に寄る時は憂ふるに足らず、豈喜ばしからずや、縦令何百萬金の貯蓄あり、何萬町の領地あり共、暴君ありて、道を踏まず、是も不足彼も不足と驕奢慢心、増長に増長せば消滅せん事、秋葉の嵐に散亂するが如し、恐れざるべけんや、予が歌に

「奥山は冬氣に閉ぢて雪ふれどほころびにけり前の川柳」

【三十六】

翁曰く、佛に悟道の論あり、面白しといへ共、人道をば害する事あり、即ち生者必滅會者定離の類なり、其の本源を顯して云ふが故なり。悟道は譬へば草の根は、此の如き物ぞと、一々顯はして、人に見するが如し、理は然りといへ共、之を實地に行ふ時は皆枯るゝなり、儒道は草の根の事は言はず、草の根は見ずして可なる物と定め、根あるが爲に、生育する物なれば、根こそ大切なれ培養こそ大切なれと教ふるが如し。夫れ松の木の青々と見ゆるも、櫻の花の麗しく匂ふも、土中に根あるが故なり、蓮花の馥郁たるも、花菖蒲の美麗なるも、泥中に根をさし居ればなり、

質屋の藏の立派なるは、質を置く貧人の多きなり、大名の城の廣大なるは、領分に人民多きなり、松の根を伐れば、直ちに綠の先が弱り、二三日立てば、枝皆凋む、民窮すれば君も窮し、民富めば君も富む、明々了々、毫末も疑ひなき道理なり。

【三十七】

翁某の寺に詣す、灌佛會あり、翁曰く、天上天下唯我獨尊と云ふ事も、俠客者流など、廣言を吐いて、天下程しといへ共、我に如く者なしなど云ふと同じく釋氏の自慢と思ふ者あり、是れ誤りなり、是は釋氏のみならず、世界皆、我も人も、唯此我れこそ天上にも天下にも尊き者なれ、我に勝りて尊き物は、必ず無きぞと云ふ、敎訓の言葉なり、然らば則ち銘々各々、此の我が身が天地間に上無き尊き物ぞ、如何となれば、天地間我なければ、物無きが如くなればなり、されば銘々各々皆、天上天下唯我獨尊なり、犬も獨尊なり鷹も獨尊なり猫も杓子も獨尊と云ひて可なる物なり。

【三十八】

翁曰く、佛道の傳來祖々嚴密なり。然りといへ共、古と今と表裏の違ひあり、古の佛者は鐵鉢一つを以て、世を送れり、今の佛者は日々厚味に飽けり、古の佛者は糞掃衣とて、人の捨てたる破れ切を、綴ぢ合せて體を覆ふ、今の佛者は常に綾羅錦繡を纏へり、古の佛者は、山林岩穴、常に艸坐せり、今の佛者は、常に高堂に安坐す、是れ皆遺教等に說く所と天地雲泥の違ひに非ずや、然りといへども、是れ自然の勢なり、何となれば、遺教に田宅を安置する事を得ずとあり、而して上朱印地を賜ふ、財寶を遠離する事、火坑を避くるが如くせよとも、又蓄積する事勿れともあり、而して世人、競ふて財物を寄附す、また好みを、貴人に結ぶ事を得ずと、而して貴人自ら隨從して、弟子と稱す、譬へば大河流水の突き當る處には砂石集らずして、水の當らざる處に集るが如し、是れ又自然の勢ひなり。

【三十九】

或曰く、惠心僧都の傳記に曰く、今の世の佛者達の申さるゝ佛道が誠の佛道ならば、佛道ほど世に惡き物はあるまじ、といはれし事見えたり、面白き言葉にあらずや。翁曰く、誠に名言なり、只佛道のみにあらず、儒道も神道も又同じかるべし、今時の儒者達の行はるゝ處が、誠の儒道ならば、世に儒道ほどつまらぬ物は有るまじ、今時の神道者達の申さるゝ神道が、誠の神道ならば神道ほど無用の物はあるまじ、と予も思ふなり、夫れ神道は天地開闢の大道にして、豊葦原を瑞穗の國安國と治め給ひし、道なる事、辯を待たずして明かなり、豈當世巫祝者流、神札を配りて米錢を乞ふ者等の、知る處ならんや、川柳に、神道者身にぼろ〱を纏ひ居りと云へり、今の世の神道者、貧困に窮する事斯の如し、是れ眞の神道を知らざるが故なり、夫れ神道は、豊葦原を瑞穗の國とし、漂へる國を安國と固め成す道なり、然る大道を知る者、決して貧窮に陷るの理なし、是れ神道の何物たるを知らざるの證なり歟はしき事ならずや。

【四十】

翁曰く、庭訓往來に注文に載せられずといへ共、進じ申す處なりと書けるは、能く人情を盡せる文なり、百事斯の如く有り度きものなり。馳馬に鞭打ちて出る田植かな、馳せ馬は注文なり、注文に載せられずといへども、鞭打つ處なり、影膳に蠅追ふ妻のみさをかな　影膳は注文の内なり、注文になしといへども、蠅追ふ處なり、進んで忠を盡すは注文なり、退きて過を補ふは注文に載せられずといへども、勸むる處なり、幾く諫む迄は、注文の内なり、敬して違はず勞して怨まずは、注文に載せられずといへ共、盡す處なり、菊花を贈るは、注文なり、注文になしといへ共、根を付けて進ずる處なり、凡そ事斯の如くせば、志の貫かざる事のならざる事、あるべからず、是に至つて孝弟の至は、神明に通じ、西より東より南より北より、思として、服せざる事なしと云ふに至るなり。

【四十一】

家僕芋種を埋めて、其の上に芋種と記せし、木札を立てたり、翁曰く、卿等大道は文字の上にある物と思ひ、文字のみを研究して、學問と思へるは違へり、文字は道を傳ふる器械にして、道にはあらず、然るを書物を讀みて道と思ふは過ちならずや、道は書物にあらずして、行ひにあるなり、今彼の處に立てたる木札の文字を見るべし、此の札の文字によりて、芋種を掘出し、畑に植ゑて作ればこそ食物となれ、道も同じく目印の書物によりて、道を求めて身に行ふて、初めて道を得るなり、然らざれば、學問と云ふべからず、只本讀みのみ。

【四十二】

翁曰く、方今の憂ひは村里の困窮にして、人氣の惡敷なり、此の人氣を直さんとするには、困窮を救はざれば免るゝ事能はず、之を救ふに財を施與する時は、財力及ばざる物なり、故に無利足金貸附の法を立てたり、此の法は實に惠んで費えざるの道なり、此の法に一年の酬謝金を附するの法をも設けたり、是は惠んで費えざる上に又欲して貪らざるの法なり、實に貸借兩全の道と云ふべし。

【四十三】

翁曰く、經濟に天下の經濟あり、一國一藩の經濟あり、一家又同じ、各々異にして、同日の論にあらず、何となれば、博奕をなすも娼妓屋をなすも、一家一身上に取りては、皆經濟と思ふなるべし、然れども政府是を禁じ、猥りに許さゞるは、國家に害あればなり、此の如きは、經濟とは云ふべからず、眼前一己の利益のみを見て、後世の如何を見ず、他の爲をも顧みざるものなればなり、諸藩にても、驛宿に娼妓を許して、藩中と領中の者、是に戯るゝを嚴禁す、是一藩の經濟なり、此の如くせざれば、我が大切なる一藩と、領内の風儀を害すればなり。米澤藩にては、年少し凶なれば、酒造を半に減じ、大いに凶なれば、嚴禁にし、且つ他邦より、輸入をも許さず、大豆違作なれば、豆腐をも禁ずと聞けり、是れ自國の金を、他に出さゞるの策にして、則ち一國の經濟なり。夫れ天下の經濟は此の如くならずして、公明正大ならずばあるべからず、大學に、國は利を以て利とせず、義を以て利となすとあり、是をこそ、國家經濟の格言と云ふべけれ、農商一家の經濟にも、必ず此の意を忘るゝ事勿れ、世間富有者たるものしらずばあるべからず。

【四十四】

翁曰く、萬國共開闢の初めに、人類ある事なし、幾千歲の後初めて人あり、而して人道あり、夫れ禽獸は欲する物を見れば、直ちに取りて喰ふ、取れる丈の物をば憚らず取りて、讓ると云ふ事を知らず、草木も又然り、根の張らるゝ丈の地、何方迄も根を張りて憚らず、是れ彼れが道とする處なり、人にして、斯の如くなれば則ち盜賊なり、人は然らず、米を欲すれば田を作りて取り、豆腐を欲すれば、錢を遣りて取る、禽獸の直ちに取るとは、異なり。夫れ人道は天道とは異にして、讓道より立つ物なり、讓とは今年の物を、來年に讓り、親は子の爲に讓るより成る道なり、天道には讓道なし、人道は人の便宜を計りて、立てし物なれば、動ともすれば、奪心を生ず、鳥獸は誤つても、讓心の生ずる事なし、是れ人畜の別なり、田畑は一年耕さゞれば、荒蕪となる、荒蕪地は、百年經るも自然田畑となる事なきに同じ、人道は自然にあらず、作爲の物なるが故に、人倫用辨する所の物品は、作りたる物にあらざるなし、故に人道は作る事を勤むるを善とし、破るを惡とす、百事自然に任すれば皆廢る、是を廢れぬ樣に勤むるを人道とす、人の用ふる衣服の類、家屋に用ふる四角なる柱、薄き板の類、其の他白米搗麥味噌醬油の類、自然に田畑山林に生育せんや、仍つて人道は勤めて作るを尊び、自然に任せて廢るを惡む、夫れ虎豹の如きは論なし、熊猪の如き、木を倒し根を穿ち、強き事言ふべからず、其の勞力も又云ふべからず、而して終身勞して、安堵の地を得る事能はざるは、讓る事を知らず、生涯己が爲のみなるが故に、勞して功なきなり、縱令人といへども、讓の道を知らず、勤めざれば安堵の地を得ざる事、禽獸に同じ、仍つて人たる者は、智恵は無くとも、力は弱くとも、今年の物を來年に讓り、子孫に讓り、他に讓るの道を知りて、能く行はゞ、其の功必ず成るべし、其の上に又恩に報うの心掛けあり、是又知らずば有るべからず、勤めずば有るべからざるの道なり。

【四十五】

翁曰く、交際は人道の必用なれど、世人交際の道を知らず、交際の道は碁將棋の道に法とるを善とす、夫れ將棋の道は強き者駒を落して、先の人の力と相應する程にしてさすなり、甚しき違ひに至つては、腹金と又歩三兵と云ふまでに外すなり、是れ交際上必川の理なり、己富み且つ才藝あり學問ありて、先の人貧ならば、富を外すべし、先の人不才ならば、才を外すべし、無藝ならば、藝を外すべし、不學ならば學をはづすべし、是れ將棋をさすの法なり、此の如くせざれば、交際は出來ぬなり、己、貧にして不才、且つ無藝無學ならば、碁を打つが如く心得べし、先の人富んで才あり、且學あり藝あらば、幾目も置きて交際すべし、是れ碁の道なり、此の理、獨り碁將棊の道にあらず、人と人と相對する時の道も、此の理に隨ふべし。

【四十六】

翁又曰く、禮法は人界の筋道なり。人界に筋道あるは譬へば、碁盤將棋盤に筋あるが如し、人は人界に立ちたる、筋道によらざれば、人の道は立たず、碁も將棋も其の盤面の筋道によればこそ、其の術も行はれ、勝敗も付くなれ、此の盤面の筋道によらざれば、小兒の碁將棋を弄ぶが如く、碁も碁にならず、將棋も將棋にならぬなり、故に人倫は禮法を尊ぶべし。

【四十七】

翁曰く、汝輩能々思考せよ、恩を受けて報いざる事多かるべし、德を受けて報ぜざる事、少からざるべし、德を報う事を知らざる者は、後來の榮えのみを願ひて、本を捨つるが故に、自然に幸福を失ふ、能く徳を報う者は、後來の榮えを後にして、前の丹精を思ふが故に、自然幸福を受けて、富貴其の身を放れず、夫れ報徳は百行の長、萬善の先と云ふべし、能く其の根元を押し極めて見よ、身體の根元は、父母の生育にあり、父母の根元は祖父母の丹誠にあり、祖父母の根元は其の父母の丹誠にあり、斯の如く極る時は、天地の命令に歸す、されば天地は大父母なり、故に元の父母と云へり、予が歌に「きのふより知らぬあしたのなつかしや元の父母ましませばこそ」夫れ我れも人も、一日も命長かれと願ふ心、惜しいほしいの念、天下皆同じ、何となれば、明日も明後日も、日輪出で玉ひて、萬世替らじと思へばなり、若し明日より日輪出でずと定まらば、如何にするや、此の時は一切の私心執着、惜しいほしいも有るべからず、されば天恩の有難き事は、誠に顯然なるべし、能く思考せよ。

【四十八】

翁曰く、自然に行はるゝ是れ天理なり、天理に隨ふといへども、又人爲を以て行ふを人道と云ふ、人體の柔弱なる、雨風雪霜寒暑晝夜、循環不止の世界に生れて、羽毛鱗介の堅めなく、飲食一日も缺くべからずして、爪牙の利なし、故に身の爲に便利なる道を立てざれば、身を安んずる事能はず、さればこそ、此の道を尊んで、其の本原天に出づと云ひ、天性と云ひ、善とし美とし大とするなれ、此の道の廢れざらん事を願へばなり、老子其の隙を見て道の道とすべきは常の道にあらずなど云へるは無理ならず、然りといへども、此の身體を保つが爲め、餘義なきを如何せん、身、米を喰ひ衣を着し家に居り、而して此の言を主張するは、又老子輩の失と云ふべし、或曰く、然らば佛言も失と云ふべき歟、翁曰く、佛は生といへば滅と云ひ、有と說けば無と說き、色卽是空と云ひ、空卽是色と云へり、老莊の意とは異なり。

【四十九】

翁曰く、天道は自然なり、人道は天道に隨ふといへども、又人爲なり、人道を盡して天道に任すべし、人爲を忽せにして、天道を恨むる事勿れ、夫れ庭前の落葉は天道なり、無心にして日々夜々に積る、是を拂はざるは人道に非ず、拂へども又落つる、之に心を煩し、之に心を勞し、一葉落つれば、箒を取つて立つが如き、是れ塵界の爲に役せらるゝなり、愚と云ふべし、木の葉の落つるは天道なり、人道を以て、毎朝一度は拂ふべし、又落つるとも捨て置きて、無心の落葉に役せらるゝ事勿れ、又人道を忽せにして積り次第にする事勿れ、是れ人道なり、愚人といへども惡人といへども、能く敎ふべし、敎へて聞かざるも、是に心を勞する事勿れ、聞かぬとて捨つる事なく、幾度も敎ふべし、敎へて用ひざるも、憤る事勿れ、聞かずとて捨つるは不仁なり、用ゐぬとて、憤るは不智なり、不仁不智は德者の恐るゝ處なり、仁智二つ心掛けて、我が德を全ふすべし。

【五十】

某の寺に、廿四孝圖の屛風あり、翁曰く、夫れ聖門は中庸を尊ぶ、然るに此の廿四孝と云ふ者皆中庸ならず、只王褒、朱壽昌等、數名のみ奇もなく異もなし其の他は奇なり異なり、虎の前に號きしかば　害を免るゝに至つては我之を知らず、論語孝を説く處と懸隔を覺う、夫れ孝は親の心を以て心とし、親の心を安んずるにあり、子たる者平常の身持心掛慥かならば、縱令遠國に奉公し、父母を問ふ事なしといへども、某の藩にて褒賞を受けし者ありと聞く時は、其の父母我が子ならんと悦び、又罪科を受けし者ありと聞く時は、必ず我が子にあらじと苦慮せざる樣なれば、孝と云ふべし、又同じく罪科に陷りし者ありと聞く時は、我が子ならんかと苦慮し、褒賞の者ありと聞く時は、我が子にあらじと、悅ばぬ樣ならんには、日に月に行き通ひて、安否を問ふとも、不孝とす。古語に親に事ふる者は、上に居て、驕らず、下に居て亂れず、醜に在つて爭はずと云ひ、又違ふ事なしとも、又其の病を是れ患ふとも云へり、親子の情見るべし、世間親たる者の深情は、子の爲に無病長壽、立身出世を願ふの外、決して餘念なき物なり、されば子たる者は、其の親の心を以て心として親を安んずるこそ、至孝なるべけれ、上に居て驕らざるも下と成つて亂れざるも、常の事なれど醜に在つて爭はずと云へるに、心を付くべし、醜俗に交はる時は、如何に堪忍するとも、忍び難き事多かるべきに、此の場に於て爭はぬは、實に至孝と云ふべきなり。

【五十一】

翁曰く、人の子たる者甚だ不孝なりといへども、若し他人其の親を譏る時は必ず怒るものなり、是れ父子の道天性なるが故に怒るなり、詩に曰く、汝の祖を思ふ事無からんやと云へり、うべなり。

【五十二】

翁曰く、深く惡習に染みし者を、善に移らしむるは、甚だ難し、或は惠み或は諭す、一旦は改むる事ありといへども、又元の惡習に歸るものなり、是れ如何ともすべなし、幾度も是を惠み教ふべし、惡習の者を善に導くは、譬へば澁柿の臺木に甘柿を接穗にしたるが如し、やゝともすれば臺芽の持前發生して繼穗の善を害す、故に繼穗をせし者、心を付けて、臺芽を搔き取るが如く厚く心を用ふべきなり、若し怠れば臺芽の爲に、繼穗の方は枯れ失すべし、予が預りの地に、此の者數名あり、我此の數名の爲に心力を盡せる甚だ勤めたり、二三子是を察せよ。

【五十三】

翁曰く、富人小道具を好む者は、大事は成し得ぬ物なり、貧人履物足袋等を飾る者は立身は出來ぬものなり、又人の多く集り雜踏する處には、好き履物をはく事勿れ、よき履物は紛失する事あり、惡しきをはきて紛失したる時は尋ねずして、更に買求めて履きて歸るべし、混雜の中にて、是を尋ねて人を煩はすは、麁惡なる履物をはきたるよりも見苦し。

【五十四】

翁曰く、聖人中を尊ぶ、而して其の中と云ふものは、物毎にして異なり、或は其の物の中に中あるあり、物指の類是なり、或は片寄りて中あるあり、權衡の垂針の平是なり、熱からず冷かならざるは溫湯の中、甘からず辛からざるは味の中、損なく德なきは取り遣りの中、盜人は盜むを譽め、世人は盜むを咎むる如きは、共に中にあらず、盜まず盜まれざるを中と云ふべし。此の理明白なり、而して忠孝は、他と我と相對して、而して生ずる道なり、親なければ孝を爲さんと欲するとも爲すべからず、君なければ忠をなさんと欲するとも、爲す事能はず、故に片よらざれば、至孝至忠とは言ひ難し、君の方に片より極りて至忠なり、親の方に偏倚極りて至孝なり、片よるは盡すを云ふなり、大舜の瞽瞍に於ける、楠公の南朝に於ける、實に偏倚の極なり、至れり盡せりと云ふべし、此の如くなれば鳥黐にて塵を取るが如く、天下の父母たる者君たる者に合せて合はざる事なし、忠孝の道は爰に至つて中庸なり、若し忠孝をして、中分中位にせば、何ぞ忠と云はん、何ぞ孝と云はん、君と親との爲には、百石は百石、五十石は五十石、盡さゞれば至れりと云ふべからず、若し百石は五十石にして、中なりと云ふが如きは、過の甚しきものなり、何となれば、君臣にて一圓なるが故なり、親子にて一圓なるが故なり、夫れ君と云ふ時は必ず臣あり、親と云ふ時は必ず子あり、子なければ親と云ふべからず、君なければ臣と云ふべからず、故に君も半なり、臣も半なり、親も半なり、子も半なり、故に偏倚の極を以て、是を至れりと云ふ、左圖を見て悟るべし。

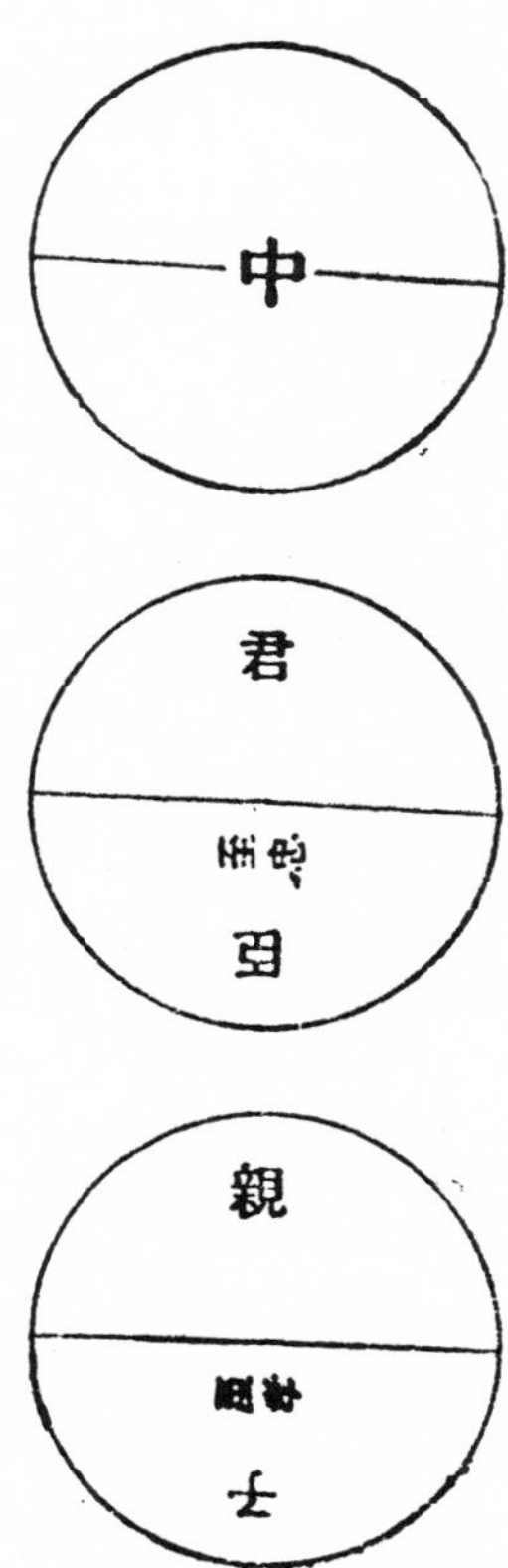
中
君
臣
親
子

卷之五

【一】

救荒の事を詳かに說き草木の根幹皮葉等食す可き物、數十種を調べ、且つ其の調理法等を記せし、小冊を贈れる人あり、翁曰く、草根木葉等、平日少しづゝ食して試る時は、害なき物も、是を多く食し日を重ぬる時は病を生ずる物なり、輕々しく食するは惡しき事なり、故に予は天保兩度の飢饉の時、郡村に諭すに、草根木葉等を、食せよと云ふ事は、決して云はず、病を生ずる事を恐るゝが故なり、飢民自食するは仕方なけれど、牧民の職に居る者、飢民に向つて、草根木皮を食せよと云ひ、且つ之を食せしむるは、甚だ惡しゝ、之を食する時は、一時の飢は補ふべしといへども、病を生ずる時は救ふべからず、恐れざるべけんや、されば人を殺すに杖と刄との譬へと、何ぞ異らん、是れ深く恐るべき處なり、然りといへども、食なければ死を免がるべからず之を如何せん、是れ深く考へずばある可からざる所以なり、予之に依つて、飢人を救ふて、病を生ずるの恐なき方法を設けて、烏山、谷田部茂木、下館、小田原等の領邑に施したり、されば是等の書は、予が爲る處と異る物なれば、予は取らざる也。

【二】

翁曰く、世の學者皆草根木葉等を調べて是も食すべし、彼も食すべしと云ふといへども、予は聞くを欲せず。如何となれば自ら食して、能く經驗せるにはあらざれば甚だ覺束なし、且つか丶る物を頼みにせば、凶歳の用意自ら怠りて世の害となるべし、夫よりも凶歳飢饉の慘狀、甚だ歎きを述ぶる事、僧侶地獄の有樣を繪に書きて、老婆を諭すが如く、懇々説き諭して、村毎に積穀を成す事を勸むるの勝れるに如かざるべし、故に予は草根木皮を食すべしと決して言はず、飢饉の恐るべく、圍穀の爲さゞるべからざる事をのみ諭して、圍穀をなさしむるを務めとす。

【三】

翁曰く、予が烏山其の他に施行せし、飢饉の救助方法は、先づ村々に諭して、飢渇に迫りし者の内を引分けて、老人幼少病身等の、力役に付き難き者、又婦女子其の日の働き十分に出來ざる者を殘らず、取り調べさせ、寺院か又大なる家を借り受け、此處に集めて男女を分ち、三十人四十人づゝ一組となし、一所に世話人一二名を置き、一人に付、一日に白米一合づゝと定め、四十人なれば一度に一升の白米に水を多く入れて、粥に炊ぎ鹽を入れて之を四十椀に、甲乙なく平等に盛りて、一椀づゝ與へ、又一度は同樣なれど、菜を少しく交ぜ味噌を入れて、薄き雜炊とし、前同樣に盛りて、一椀づゝ、代る〳〵、朝より夕まで、一日四度づゝと定めて、與ふるなり。されば一度に二勺五才の米を粥の湯に爲したる物なり、之を與ふる時、懇に諭さしめて曰く、汝等の飢渇深く察す、實に憫然の事なり、今與ふる處の一椀の粥湯、一日に四度に限れば、實に空腹に堪へ難かるべし、然りといへども大勢の飢人に十分に與ふべき米麥は天下になし、此の些少の粥湯、飢を凌ぐに足らざるべく、實に忍び難かるべけれど、今日は國中に、米穀の賣物なし、金銀有りて米を買ふ事の出來ざる世の中なり、然るに領主君公莫大の御仁惠を以て、倉を開かせられ、御救ひ下さるゝ處の米の粥なり、一椀なりといへども、容易ならず、厚く有難く心得て、夢々不足に思ふ事勿れ、又世間には、草根木皮等を食せしむる事も有れど、是は甚だ宜しからず、病を生じて、救ふべからず、死する者多し、甚だ危き事なり、恐るべき事なり、世話人に隱して、決して草根木皮などは、少しにても食ふ事勿れ、此の一椀づゝの粥の湯は、一日に四度づゝ時を定めて、急度與ふるなり、左すれば、假令身體は痩するとも決して、餓死するの患ひなし、又白米の粥なれば、病の生ずる恐れも必ずなし、新麥の熟するまでの間の事なれば、如何にも能く空腹を堪へ、起臥も運動も徐かにして、成る丈け腹の減らぬ樣にし、命さへ續けば、夫を有難しと覺悟して、能く空腹を堪へて、新麥の豊熟を、天地に祈りて、寢たければ寢るがよし、起きたければ起きるがよし、日々何も爲るに及ばず、只腹のへらぬ樣に運動し、空腹を堪ゆるを以て、夫を仕事と心得て、日を送るべし、新麥さへ實法れば、十分に與ふべし、夫れ迄の間は死にさへせざれば、有難しと能々覺悟し、返すぐも艸木の皮葉を食ふ事勿れ、草木の皮葉は、毒なき物といへども腹に馴れざるが故に、多く食し日々食すれば、自然毒なき物も毒と成りて、夫が爲に病を生じ、大切の命を失ふ事あり、必ず食する事なかれと、懇ろに諭して空腹に馴れしめ、無病ならしむるこそ、救窮の上策なるべけれ、必ず此の方に隨ひ、一日一合の米粥を與へ、草木の皮葉などは、食せよと云はず、又食せしめざるなり、是れ其の方法の大略なり。又身體強壯の男女は別に方法を立て、能々說き諭して、平常五厘の繩一房を七厘に、一錢の草鞋を一錢五厘に、三十錢の木綿布を四十錢に買上げ、平日十五錢の日雇賃錢は二十五錢づゝ拂ふべきに依り、村中一同憤發勉強し、勤めて錢を取つて自ら生活を立つべし、繩草鞋、木綿布等は、何程にても買取り、仕事は協議工夫を以て、何程にても、人夫を遣ふべければ、老幼男女を論ぜず、身體壯健の者は、晝は出て日雇賃を取り、夜は入つて繩を索ひ、沓草鞋を作るべし、と懇々說諭して、勉強せしむべし。偖て其の仕事は、道橋を修理し、用水惡水の堀を浚ひ、溜池を掘り、川除け堤を修理し、沃土を掘り出し、下田下畑に入れ、畔の曲れるを眞直ぐに直し、狹き田を合せて、大にするなど其の土地〳〵に就て、能く工夫せば、其の仕事は何程もあるべし、是れ我が手に十圓の金を損して、彼れに五十圓六十圓の金を得さしめ、是に百圓の金を損して、彼に四百圓五百圓の益を得さしめ、且つ其の村里に永世の幸福を貽し、其の上美名をも遺す道なり、只惠んで費えざるのみにあらず、少く惠んで大利益を生ずるの良法なり、窮の甚しきを救ふ方法は、是より好きはあらじ、是予が實地に施行せし、大略なり。

【四】

翁又曰く、天保七年、烏山侯の依頼に依つて、同領內に右の方法を施行したる大略は、一村〳〵に諭して、極難の者の內、力役に就くべき者と、就くべからざる者と、二つに分ち、力役に就くべからざる、老幼病身等千有餘人を烏山城下なる、天性寺の禪堂講堂物置其の外寺院又新に小屋廿棟を建て設け、一人白米一合づゝ前に云へる方法にて、同年十二月朔日より、翌年五月五日まで、救ひ遣し、飢人鬱散の爲に藩士の武術稽古を此處にて行はせ、縱覽を許し、折々空砲を鳴して鬱氣を消散せしめたり。其の內病氣の者は、自家に歸し、又別に病室を設けて、療養せしめ、五月五日解散の時は一人に付白米三升、錢五百文づゝを渡して、歸宅せしめたり、又力役に付くべき、達者の者には、鍬一枚づゝ渡し遣し、荒地一反歩に付、起返し料、金三分二朱、仕付料二分二朱、合せて一圓半、外に肥し代壹分を渡し、一村限り出精にて事に幹たるべき者を人撰し、入札にて高札の者に、其の世話方を申付、荒田を起返して植付けさせたり、此の起返し田、一春間に五十八町九反歩、植付になりたり、實に天より降るが如く、地より湧くが如く、數十日の內に荒地變じて水田となり、秋に至りて其の實法直ちに貧民食料の補となりたり、其の外沓草鞋繩等を、製造せし事も莫大の事にして、飢民一人もなく、安穩に相續し、領主君公の仁政を 感佩して農事を勉勵せり、豈悅しからずや。

【五】

翁又曰く、右の方法は只窮救の良法のみにあらず、勸業の良法なり、此の法を施す時は、一時の窮を救ふのみならず、遊惰の者をして、自然勉強に赴しめ、思はず知らず職業を習ひ覺えしめ、習性と成つて弱者も强者となり、愚者も職業に馴れ幼者も繩を索ふ事を覺え、草鞋を作る事を覺え、其の外種々の稼を覺えて、遊手徒食の者なくなりて、人々遊手で居るを恥ぢ、徒食するを恥ぢて、各々精業に赴く様に成り行くものなり、夫れ惠んで費えざるは、窮を救ふの良法たり、然りといへども右の方法は、是に倍したる良法と云ふべし、飢饉凶歳にあらずといへども、救窮に志ある者、深く注意せずばあるべからず。世間救窮に志ある者、猥に金穀を施與するは、甚だ宜しからず、何となれば、人民を怠惰に導くが故なり、是れ惠んで費ゆるなり、惠んで費えざる様に、注意して施行し人民をして、奮發勉強に赴かしむる様にするを、要するなり。

【六】

翁曰く、圍穀數十年を經て少しも損ぜぬ物は、稗に勝れるはなし、申合せて成る丈多く積み置くべし、稗を食料に用ふるに、凶歳の時は糠を去る事勿れ、から稗一斗に小麥四五升を入れて、水車の石臼にて挽き絹篩ひに掛けて、團子に製して食すべし、俗に餅艸と云ふ蓬の若葉を入るれば、味好し、稗を凶歳の食料にするには、此の法第一の徳用なり、稗飯にするは損なり、されど上等の人の食料には、稗を二晝夜間、水に漬けて、取り上げて蒸籠にて蒸して、而して能く干し、臼にて搗き、糠を去りて、米を少く交ぜて、飯に炊ぐなり、大いに殖ゆる物なれば、水を餘分に入れて、炊ぐべし、上等の食に用ふるには此の法に如くはなし、されば富有者自分の爲にも多く圍ひ置きて宜敷き物なり、勉めて積み圍ふべし。

【七】

翁曰く、人世の災害凶歳より甚敷きはなし、而して昔より、六十年間に、必ず一度ありと云ひ傳ふ、左もあるべし、只飢饉のみにあらず、大洪水も大風も、大地震も、其の餘非常の災害も必ず六十年間には、一度位は必ずあるべし、縦令無き迄も必ず有る物と極めて、有志者申合せ金穀を貯蓄すべし、穀物を積み圍ふは籾と稗とを以て、第一とす、田方の村里にても籾を積み、畑方の村里にては、稗を圍ふべし。

【八】

翁曰く、窮の尤も急なるは、飢饉凶歳より甚しきはなし、一日も緩うすべからず、是を緩うすれば人命に關し、容易ならざるの變を生ず、變とは何ぞ暴動なり。古語に小人窮すれば亂す、とある通り、空しく餓死せんよりは、縱令刑せらるゝも、暴を以て一時飲食を十分にし、快樂を極めて、死に付かんと、富家を打毀し、町村に火を放ちなど、云ふべからざる、惡事を引き起す事、古より然り、恐れざるべけんや、此の暴徒亂民は、必ず其の土地の大家に當る事、大風の大木に當るが如し、富有者たるもの、其の防ぎ無くばあるべからず。

【九】

翁曰く、天保四年同七年、兩度の凶歳七年尤も甚し、早春より引續き、季候不順にして梅雨より土用に降り續き、季候甚だ寒冷にして、陰雨曇天のみ晴日稀なり、晴ると思へば曇り、曇ると思へば、雨降る。予土用前より、之を憂ひ心を用ひしに、土用に差掛り空の氣色何となく秋めき、草木に觸るゝ風も、何となく秋風めきたり、折節他より、新茄子到來せるを、糠味噌に漬けて食せしに、自然秋茄子の味あり、是に依つて意を決し、其の夕より、凶歳の用意に心を配り、人々を諭して、其の用意を爲さしめ、其の夜終夜書狀を作りて諸方に使を發して、凶歳の用意一途に盡力したり。其の方法は明き地空地は勿論、木綿の生ひ立ちたる畑を潰し、流地廢地を起して蕎麥大根蕪菁菜胡蘿蔔等を、十分に蒔き付けさせ粟稗大豆等總て食料になるべき物の耕作培養精細を盡させ、又穀物の賣物ある時は。何品に限らず、皆之を買入れ、既に借入れの抵當なく貸金の證文を抵當に入れて、金を借用したり、此の飢饉の用意を、諸方に通知したる內厚く信じて能く取り行ひたるは、谷田部茂木領邑なり、此の通知を得るや、其の使と同道にて、郡奉行自馬に鞭打つて來りて、其の方法を問ひ、急ぎ歸りて郡奉行代官役等、屬官を率ゐて、村里に臨み懇々說諭して、先づ木綿畑を潰し、流地を起し廢地を擧げて食料になるべき蕎麥大根の類を蒔き付けたる事夥しく、堂寺の庭迄も說諭して蕎麥大根を蒔かせたりと云へり。下野國眞岡近郷は、眞岡木綿の出る土地なれば、木綿畑尤も多し。其の木綿畑を潰して、蕎麥を蒔き替ふるを愚民殊の外歎く者あり、又苦情を鳴らす者あり、仍つて愚民明らめのため、所々に一畝づゝ、尤も出來方の宜敷き木綿畑を殘し置きたるに、綿實一つも結ばず、秋に至つて初めて矛が說を信じたりと聞けり。愚民の諭し難きには殆んど困却せり。又秋田を刈り取りたる干田に、大麥を手の廻る丈け多く蒔かせ、夫より畑に蒔きたる菜種の苗を、田に移し植ゑて、食料の助にせり。凶歲の時は油斷なく、手配りして食物を多く作り出すべし。是れ矛が飢饉を救ひし方法の大略なり。

【十】

翁曰く、天保七年の十二月、櫻町支配下四千石の村に諭し、母家所持の米麥雜穀の俵數を取調べさせ、米は勿論大小麥、大小豆、何にても一人に付、俵數五俵づゝの割り合を以て、銘々貯へ置き、其の餘所持の俵數は勝手次第に賣出すべし、此の節程穀價の高き事は、二度とあるまじ、誠に賣るべき時は此の時なり速かに賣つて金となすべし、金不用ならば、相當の利足にて預り遣すべし、且つ當節賣出すは、平年施すよりも功德多し、何方へなり共賣出すべし、一人五俵の割に、不足の者、又貯へなき者の分は、當方にて慥に備へ置くべき間、安心すべし、決して隠し置くに及ばず、詳細に取調べて屆け出づべしと言ひて四千石村々の、毎戸の餘分は賣出させ、毎戸の不足の分は、郷藏に積圍ひ、其の餘は漸次倉を開きて、烏山領を始め、皆他領を始め皆他領他村へ出して救助したり、他の窮を救ふには先づ自分支配の村々の安心する樣に方法を立て而して後に他に及ぼすべし。

【十一】

駿州駿東郡は　富士山の麓にて、雪水掛りの土地なる故天保七年の凶荒、殊に甚し。領主小田原侯、此の救助法を東京にて翁に命ぜられ、米金の出方は、家老大久保某に申し付けたり、小田原に往いて受け取るべし、と命ぜらる、翁即刻出發夜行して、小田原に至られ、米金を請求せられしに、家老年寄の評議未だ決せず、翁は之を待つ久し、日午に到る、衆皆辨當を食して、後に議せんとなり、翁曰く、飢民今死に迫れり、之を救ふべきの議、未だ決せず然るに辨當を先にして、此の至急の議を後にするは、公議を後にして私を先にするなり、今日の事は、平常の事と違ひ、數萬の民命に關する重大の件なり、先づ此の議を決して後に辨當は食すべし、此の議決せずんば、縱令夜に入るとも、辨當は用ふる事勿れ、謹んで此の議を乞ふと述べられたれば、尤もなりとて、列座辨當を食する事を止めて此の議に及べり、速かに用米の藏を開く可しと定りて、此の赴きを倉奉行に達す、倉奉行又開倉の定日は、月に六回なり、定日の外漫りに、開倉する例なしと云ふて開かず、又大いに議論あり、倉奉行、家老の列座にて、辨當云々の論ありし事を聞いて、速かに倉を開けりとぞ、是れ皆翁の至誠による物なり。

【十三】

翁曰く、予此の時駿州御厨鄕、飢民の撫育を扱ふ、既に米金盡き術計なし、仍つて鄕中に諭して曰く、昨年の不熟六十年に稀なり、然りといへども、平年農業を出精して米麥を餘し、心掛け宜敷きものは差閊へ有るまじ、今飢うる者は平年惰農にして、米麥を取る事少なく、遊樂を好み博奕を好み飲酒に耽り、放蕩無賴心掛け宜しからざる者なれば、飢うるは天罰と云ふて可なり、然らば救はず共可なるが如しといへ共、乞食となるものを見よ、無頼惡行、是より甚しく、終に處を離れて、乞食する者なれば、惡むべきの極なり、されども、是をさへ憐んで、或は一錢を施し或は、一握の米麥を施すは世間の通法なり、今日の飢民は、是と異り、元一村同じ所に生れ同じ水をのみ同じ風に吹かれ、吉凶葬祭相共に、助け來れる因縁淺からねば、何ぞ見捨て救はざるの理あらんや、今予飢民の爲に、無利足拾ケ年賦の金を貸し與へて是を救はんとす、然りといへども飢に望む程のものは困窮甚しければ、返納は必ず出來ざるべし、仍つて來年より、差支へなく救ひを受けざる者といへども、日々乞食に施すと思ひ、錢十文又廿文を出すべし、其れ以下中下のものは、錢七文又五文を出すべし、來年豊年ならば、天下豊かならん、御厨郷のみ、乞食に施さゞるも、國中の乞食、飢うる事あらじ、乞食に施す米錢を以て、彼が返納を補はゞ自ら損せずして、飢民を救ふべし、是れ兩全の道にあらずや、と諭せしに郡中の者一同感戴して承諾せり、仍つて役所より、無利子金を十ケ年賦に貸渡して、大いに救助する事を得たり、是の上に一錢の損なくして、下に一人の飢民なく、安穩に飢饉を免れたり、此の時小田原領のみにして、救助せし人員を、村々より書き上げたる處、四萬三百九十餘人なりき。

【十三】

翁曰く、予不幸にして、十四歲の時父に別れ、十六歲のをり母に別れ、所有の田地は、洪水の爲に殘らず流失し、幼年の困窮艱難實に心魂に徹し、骨髓に染み、今日猶忘るゝ事能はず、何卒して世を救ひ國を富まし憂き瀬に沈む者を助けたく思ひて、勉强せしに計らずも又、天保兩度の飢饉に遭遇せり。是に於て心魂を碎き、身體を粉にして、弘く此の飢饉を救はんと勤めたり、其の方法は本年は季候惡し、凶歲ならんと、思ひ定めたる日より、一同申合せ、非常に勤儉を行ひ、堅く飲酒を禁じ、斷然百事を抛ちて、其の用意をなしたり、其の順序は先づ申合せて、明地空地を開き、木綿畑を潰して瓜哇薯蕎麥菜種大根蕪菜等の食料になるべき物を、蒔き付ける手配りを盡し、土用明け迄は隱元豆も遲からねば、奧の種を求めて多く蒔せ、夫より早稻を刈り取り、干田は耕して麥を蒔き、金錢を惜まず、元肥を入れて培養し、夫より畑の菜種の苗を拔きて田に移し植ゑて、食料の助とせり、此の如く其の土地々々に於て油斷なく勉強せば、意外に食料を得べし、凶荒の兆あらば油斷なく食料を求むる工夫を盡すべし。

【十四】

翁曰く、世人の常情、明日食ふ可き物なき時は、他に借りに行かんとか、救ひを乞はんとかする心はあれども、彌々明日は食ふべき物なしと云ふ時は、釜も膳椀も洗ふ心なし、と云へり、人情實に然るべく尤もの事なれども、此の心は困窮其の身を離れざるの根元なり。如何となれば、日々釜を洗ひ膳椀を洗ふは明日食はんが爲にして、昨日迄用ひし恩の爲に、洗ふにあらず、是れ心得違ひなり。たとひ明日食ふ可き物なしとも、釜を洗ひ膳も椀も洗ひ上げて餓死すべし、是れ今日迄用ひ來りて、命を繋ぎたる、恩あればなり、是れ恩を思ふの道なり、此の心ある者は天意に叶ふ故に長く富を離れざるべし、富と貧とは、遠き隔てあるにあらず、明日助からむ事のみを思ひて、今日までの恩を思はざると、明日助からむ事を思ふでは、昨日迄の恩をも忘れざるとの二つのみ、是れ大切の道理なり、能々心得べし佛家にては此の世は假の宿、來世こそ大切なれと教ゆ、來世の大切なるは、勿論なれど、今の世を假の宿として、輕んずるは誤れり、今一草を以て之を譬へん、夫れ草となりては、來世の實の大切なるは、無論なりといへども、來世好き實を結ばんには、現世の草の時、芽立より出精して、露を吸ひ肥しを吸ひ根を延し葉を開き、風雨を凌ぎ、晝夜精氣を運びて根を太らせ、枝葉を茂らせ、好き花を開く事を、丹精せざれば、來世好き實となることを得ず、されば草の現世こそ大切なれ、人も其の如く、來世のよからん事を願はゞ、現世に於て邪念を斷ち身を愼み道を蹈み、善行を勤むるにあり、現世にて人の道を蹈まず、惡行をなしたる者いづくんぞ、來世安穩なる事を得んや。夫れ地獄は惡事を爲したる者の、死後に遣らるゝ處、極樂は善事を爲したる者の行き處なる事、鏡に掛けて明かなれば、來世の善惡は、現世の行ひにあり、故に現世を大切にして、過去を思ふべきなり、先づ此の身に如何にして生れ出しやと、跡を振返りて見る是なり、論語にも生を知らざれば焉ぞ死を知らんと云へり。

夫れ性は天の令命なり、身體は父母の賜なり、其の元天地の令命と父母の丹精とに出づ、先づ此の理より窮めて、天德に報い、父母の恩に報う行ひを立つべし、性に率ひて道を踏むは、人の勤めなり、此の勤めを勵む時は、來世は願はずして、安穩なる事疑ひなし、何ぞ現世を假の宿と輕んじ、來世のみを大切とせんや。夫れ現在に君あり、父母あり妻子あり、是れ現世の大切なり所以なり、釋氏の之を捨て、世外に立ちしは、衆生を濟度せんが爲なり、世を救はんには、世外に立たざれば、廣く救ひ難きが故なり、譬へば己が坐して居る疊を揚げんとする時は己外に移らざれば、揚ぐ可らざるが如くなればなり、然るに世間一身を善くせんが爲に、君父妻子を捨てるは迷へるなり、然れども僧侶は其の法を傳へたる者なれば、世外の人なるが故に別なり、混ずべからず、是れ君子小人の別るゝ處にして、我が道の安心立命は爰にあり、惑ふべからず。

【十五】

翁曰く、予飢饉救濟の爲め、野常相駿豆の諸村を巡行して、見聞せしに、凶歲といへども、平日出精人の田畑は、實法り相應にありて、飢渇に及ぶに到らず、予が歌に「丹精は誰しらねどもおのづから秋の實法りのまさる數々」といへるが如し。論語に、苟に仁に志さば惡なしと云へり、至理なり、此の道理を押すに苟に農に志せば、凶歳なしと言うて可なる物なり、されば苟に商法に志せば、不景氣なしと云うて可ならん、汝等能く勤めよ。

【十六】

櫻町陣屋下に翁の家出入の疊職人、源吉といふ者あり。口を能くきゝ、才ありといへども、大酒遊惰なるが故に、困窮なり。年末に及んで、翁の許に來り、餅米の借用を乞へり、翁曰く、汝が如く、年中家業を怠りて勤めず、錢あれば、酒を呑む者、正月なればとて、一年間勤苦勉勵して、丹精したる者と同樣に、餅を食はんとするは、甚だ心得違ひなり、夫れ正月不意に來るにあらず、米偶然に得らるゝ物にあらず、正月は三百六十日明け暮れして來り、米は春耕し、夏耘り秋刈りて初めて、米となる、汝春耕さず夏耘らず秋刈らず故に米なきは、當り前の事なり、されば正月なりとも餅を食ふべき道理ある可からず、今貸すとも、何を以て返さんや、借りて返す道無き時は、罪人となるべし、正月餅が食ひたく思はゞ、今日より遊惰を改め、酒を止めて、山林に入りて落葉を掻き、肥を拵らへ、來春田を作り米を得て來々年の正月、餅を食ふべきなり、されば來年の正月は、己が過ちをくひて餅を食ふ事を止めよと、懇々說諭せられたり。源吉大いに發明し、先非を悔い、私し遊惰にして、家業を怠り酒を吞み、而して年中勉强せらるゝ人と同樣に餅を食うて、春を迎へんと思ひしは、全く心得違ひなりき、來年の正月は、餅を食はず過をくいて年を取り、今日より遊惰を改め、酒を止め、年明けなば、二日より家業を初め、刻苦勉勵して來々年の正月は、人並に餅を搗き、祝ひ申すべしと云ひ、教訓の懇切なるを厚く謝して、暇乞をし、しほ〳〵と門を出づ。時に門人某、密かに口ずさめる狂歌あり「げんこうが一致ならねば年の暮疊重なるむねや苦しき」翁此の時金を握り居られて、源吉が門を出で行くを見て俄に呼戻し予が教訓能く腹に入りたるか、源吉曰く、誠に感銘せり、生涯忘れず、酒を止めて、勉强すべしと翁則ち白米一俵餅米一俵金一兩に大根芋等を添へて與へらる、是より、源吉生れ替りたるが如く成りて、生涯を終れりと云ふ、翁の敎養に心を盡さるゝ事此の如し、此の類枚擧に暇あらずといへども、今其の一を記す。

【十七】

翁曰く、山の裾、また池のほとりなどの窪き田畑などには太古の池沼などの、自埋りて田畑となりたる處ある物なり、此處は、凡て肥良の土の多くある物なれば、尋ねて掘り出して、麁田麁畑に入るゝ時は大なる益あり、是を尋ねて掘り出すは天に對し國に對しての勤めなり勵みて勤むべし。

【十八】

下野國某の鄕村、風俗頽廢する事甚し、葬地定所なく、或は山林原野、田畑宅地皆埋葬して忌まず、數年を經れば墓を崩し菽麥を植ゑて又忌まず、故に荒地開拓掘割り畑捲り等の工事に、骸骨を掘り出す事每々あり、翁之を見て曰く、夫れ骸骨腐朽すといへども、頭骨と脛骨とは必ず存す、如何となれば、頭は衆體の上に有つて尤も功勞多き頭腦を覆ひて、寒暑を受くる事甚し、脛は衆體の下に有つて、身體を捧げ持ち、功勞尤も多し、其の人、世に有つて、功勞多き處歿後百年其の骨朽ちず、其の理感銘すべし汝等頭脛の骨の如く、永く朽ちざらん事を勤めよ、古歌に「瀧のおとは絕えて久しく成りぬれど名こそ流れて猶聞えけれ」とあり、本朝の神聖は勿論、孔子釋氏等も世を去る事三千年なり、然るに今に至りて大成至聖文宣皇帝孔夫子と云ひ、大恩教主釋迦牟尼佛と云へり、其の人は死していと久しく成りぬれど、名こそ我が朝にまで、流れ來りて、猶聞えたれ、感ずべきなり。大凡そ人の勳功は、心と體との二つの骨折りに成る物なり、其の骨を折つて已まざる時は、必ず天助あり、古語に之を思ひ〳〵てやまざれば、天之を助くと云へり、之を勤め〳〵て已まざれば、天又之を助く可し、世間心力を盡して、私なき者必ず功を成すは是が爲なり、夫れ今の世の中に、勳功殘りて世界の、有用となる處の物、後世に滅せずして、人の爲に稱讃せらるゝ處の者は皆悉く前代の人の骨折りなり、今日此の如く國家の富榮盛大なるは、皆前代の聖賢君子の遺せる賜物にして、前代の人の骨折りなり、骨を折れや二三子、勉强せよ二三子。

【十九】

翁曰く、何程富貴なりとも、家法をば節儉に立て、驕奢に馴るゝ事を嚴に禁ずべし、夫れ奢侈は不德の源にして滅亡の基なり。如何となれば、奢侈を欲するよりして、利を貪るの念を增長し、善慈の心薄らぎ、自然欲深く成りて、吝嗇に陷り、夫より知らず〳〵、職業も不正になり行きて、災を生ずる物なり恐るべし。論語に周公の才の美ありとも奢り且つ吝なれば、其の餘は見るに足らずとあり、家法は節儉に立て、我身能く之を守り、驕奢に馴るゝ事なく、飯と汁木綿着物は身を助くの、眞理を忘るゝ事勿れ。何事も習ひ性となり、馴れて常となりては、仕方無き物なり、遊樂に馴れば面白き事もなくなり、甘き物に馴るれば、甘き物もなくなるなり、是れ自我が歡樂をも減ずるなり、日々勤勞する者は、朔望の休日も樂みなり、盆正月は大なる樂みなり、是れ平日、勤勞に馴るゝが故なり、此の理を明辨して滅亡の基を斷ち去るべし、且つ若き者は、酒を吞むも、煙草を吸ふも、月に四五度に限りて酒好きとなる事勿れ、烟草好きとなる事勿れ、馴れて好きとなり、癖となりては生涯の損大なり、愼むべし。

【三十】

翁曰く、大學に仁者は、財を以て身を起すといへるはよろし、不仁者は身を以て、財を起すといへるは如何。夫れ志ある者といへども、仁心ある者といへども親より、讓られし財産なき者は、身を以て財を起すこそ道なれ、志あるも、財なきを如何せん、發句に「夕立や知らぬ人にももやひ傘」と云へり、是れ仁心の芽立ちなり、身を以て、財を起しながらも、此の志あらば、不仁者とは云ふべからず、身を以て財を起すは貧者の道なり、財を以て身を起すは富者の道なり、貧者身を以て財を起して富を得、猶財を以て財を起さば、其の時こそ不仁者と云ふべけれ、善をなさゞれば、善人とは云ふべからず、惡を爲さゞれば、惡人とは云ふべからず、されば不仁を爲さゞれば、不仁者とは云ふべからず、何ぞ身を以て財を起す者を、一向に不仁者と云はんや、故に予常に聖人は、大盡子なりと云ふなり、大盡子は袋中自ら錢ありと思へり、自錢ある袋決してあるべき理なし、此の如き咄は、皆大盡子の言なり、又人あれば土ありともあり、本來を云へば、土あれば人ありなる事明かなり、然かるを人あれば、土ありと云へる土は、肥良の耕土を指せるなり、烈公の詩に土有りて土なし常陸の土、人有りて人なし、水府の人、とあり則ち此の意なり。

【三十一】

硯箱の墨曲れり、翁之を見て曰く、總て事を執る者は、心を正平に持たんと、心掛くべし、譬へば此の墨の如し、誰も曲げんとて、摺る者はあらねど、手の力自然傾くが故に此の如く曲るなり、今之を直さんとするとも、容易に直るべからず、百事その通りにて喜怒愛憎ともに、自然に傾く物なり、傾けば曲るべし、能く心掛けて心は正平に持つべし。

【三十二】

或問ふて曰く、三年父の道を改めざるを、孝と爲すとあり、然りといへども、父道不善ならば、改めずばあるべからず、翁曰く、父の道誠に不善ならば、生前能く諫め又他に依賴しても、改むべし、生前諫めて改まるまでに及ばざるは、不善と云ふといへ共、不善と云ふ程の事には、あらざる明かなり、然るを歿するを待ちて、改むるは不孝にあらずして何ぞ。歿後速かに改めんとならば、何ぞ生前諫めて改めざる、生前諫めず改むる事もせず、何ぞ歿するを待ちて、改むるの理あらんや。

【三十三】

翁曰く、大久保忠隣君、小田原城拜領の時、家臣某諫めて曰く、當城は北條家築建にして、代々の居城なれば拜領相なるとも、當城守護と思召され本丸の住居は、遠慮有りて然るべし、拜領なればとて拜領と思召す時は、御爲如何あらん、且つ城の内外共、御手入れ等なく、先づ其の儘に置かれたしと獻言せしかど、忠隣君剛强の性質なれば、縱令北條の居城にもせよ、築建にもせよ、今忠隣が拜領せり、本丸の住居、何の不可か有らん、城の修理何の憚る處か有らんとて、聽きたまはず。其の後行違ひありて、改易の命あり、是れ嫌疑に依るといへども、其の元、氣質の剛强に過ぎて、遠慮無きに依れるなり、夫れ熊本城も本丸は住居なく、水戶城も佐竹丸は住居なしと聞けり、何事にも此の理あり、心得べき事なり。

【三十四】

翁曰く、凡そ物一得あれば一失あるは世の常なり。人の衣服に於ける甚だ煩はし、夏の暑さにも冬の寒きにも、糸を引き機をおり、裁縫ひすゝぎ洗濯、常に休する時なし。禽獸の自ら羽毛あり、寒暑を凌ぎ、生涯損することなく、染めずして彩色ありて、世話なきに如かざるが如しといへども、蚤虱羽蟲など、羽毛の間に生じ、是を追ふに又暇なきを見れば、人の衣服ぬぎ着自在にしてすゝぎ洗濯の自由なるに如かざる事遠し。世の他をうらやむの類、大凡そ斯の如き物なり。

【三十五】

或人日光温泉に浴す。山中他邦の魚鳥を喰ふ事を禁じて、山中の魚鳥を殺すを禁ぜず、他の神山靈地等は境内に近き沼地山林にて、魚鳥を殺すを禁ず、是れ庖厨を遠ざくるの意、耳目の及ぶ所にて、生を殺すを忌むなり。而して日光温泉の制、是に反對せり、山中の殺生を禁ぜずして、他境の魚鳥を禁ず、是れ山神の意なりと云ふ、此の理あるべからずと云へり。翁曰く、佛者殺生戒を說くといへども、實は不都合の物なり、天地死物にあらず萬物また死物にあらず、斯る生世界に生れて殺生戒を立つ、何を以て生を保たんや、生を保つは、生物を食するに依る、死物を食して焉ぞ生を保つ事を得ん、人皆禽獸蟲魚飛揚蠢動の物を殺すを殺生と云ふて、草木菓穀を殺すの、殺生たるを知らず、飛揚蠢動の物を生と云ひ、草木菓穀を生物に非ずとするか、鳥獸を屠るを殺生と云ひ、菓穀を煮るを殺生に非ずとするか、然らば木食行者と云ふといへども、秋山の落葉を食して生を保つべけんや。然れば、殺生戒と云ふといへども只我と類の近き物を殺すを戒めて、類を異にする物を、戒めざるなれば不都合なる物なり、されば殺生戒とは云ふ可からず、殺類戒と云ひて可なる物なり、凡そ人道は私に立てたる物なれば、至處を推し窮むる時は皆此の類なり、怪むにたらず、而して日光溫泉は深山なり、深山などには往古の遺法殘る物ならば、私に立ちたる、往古の遺法なるべし、且つ深山は食に乏し、四境通達の處と、同じからざれば、往古食物を得るを以て善とせしより、此の如き事になれるなるべし、怪むにたらざるなり。

【三十六】

翁曰く、學者書を講ずる悉しといへども、活用する事を知らず、徒らに仁は云々義は云々と云へり、故に社會の用を成さず、只本讀みにて、道心法師の誦經するに同じ。古語に權量を愼み法度を審かにすとあり、是れ大切の事なり、之を天下の事とのみ思ふ故に用をなさぬなり、天下の事などは差し置きて、銘々己が家の權量を謹み法度を審かにすることこそ肝要なれ、是れ道德經濟の元なり、家々の權量とは、農家なれば家株田畑、何町何反歩、此の作德何拾圓と取り調べて分限を定め、商法家なれば前年の賣德金を取り調べて、本年の分限の豫算を立つる、是れ己が家の權量、己が家の法度なり、是を審にし、之を愼んで越えざることこそ、家を齊ふるの元なれ、家に權量なく法度なき、能く久しきを保たんや。

【三十七】

老中某侯の家臣市中にて云々の横行あり、横山平太之を誹る。翁曰く、執政は政事の出づる處、國家を正うして、不正無からしむるの職なるに其の家僕其の威をかりて、不正を行ふ者往々あり、譬へば町奉行の奴僕等、兩國淺草等に出づる、予が法皮を見よなど〻罵るに同じ、國を正しうする者、家を正しうする事能はざるが如しといへども、是れ家政の屆かざるにあらず、勢ひの然らしむる物なり、彼の河水を見よ、水の卑きに下るの勢ひ、政事の國家に行はれて置郵傳命より速かなるが如し、而して水流急にして、或は岩石に當り、石倉に當る處、急流變じて逆流となる物なり、夫れ老中の權威は譬へば急流の水勢、防ぐべからざるに同じ、家僕等法を犯す者あるは、急流の當る處逆流となるが如し、是れ自然に然らざるを得ざる物なり、咎むる事勿れ。

【三十八】

翁折々補勞のために、酒を用ひらる、曰く銘々酒量に應じて、大中小適意の盃を取り、各々自盃自酌たるべし、獻酬する事勿れ、是れ宴を開くにあらず、只勞を補はんがためなればなりと、或曰く、我が社中是を以て、酒宴の法と爲すべし。

【二十九】

翁曰く、九の字に一點を加へて、丸の字を作れるは面白し、〇は則ち十なり、十は則ち一なり、元日やうしろに近き大卅日、と云へる俳句あり、又此の意なり、禪語に此の類多し、此のうしろに近きを、うしろをみれば、と爲さば、一層面白からんか。

【三十】

翁曰く、世人皆、聖人は無欲と思へども然らず、其の實は大欲にして、其の大は正大なり、賢人之に次ぎ、君子之に次ぐ、凡夫の如きは、小欲の尤も小なる物なり、夫れ學問は此の小欲を正大に導くの術を云ふ、大欲とは何ぞ、萬民の衣食住を充足せしめ、人身に大福を集めん事を欲するなり、其の方、國を開き物を開き、國家を經綸し、衆庶を濟救するにあり、故に聖人の道を推し窮むる時は、國家を經綸して、社會の幸福を增進するにあり、大學中庸等に其の意明かに見ゆ、其の欲する處豈正大ならずや、能くおもふべし。

【三十二】

門人某居眠りの癖あり。翁曰く、人の性は仁義禮智なり、下愚といへども、此の性有らざる事なしとあり、されば汝等が如きも必ず此の性あれば、智も無かる可からず、然るを無智なるは磨かざるが故なれば、先づ道理の片端にても、辨へたし覺えたしと、願ふ心を起すべし、之を願を立つると云ふ、此の願立つ時は、人の咄を聞きて、居眠りは出でざるべし、夫れ仁義禮智を家に譬ふれば、仁は棟義は梁なり、禮は柱なり智は土臺なり、されば家の講釋をするには、棟梁柱土臺と云ふもよし、家を作るには先づ土臺を据ゑ柱を立て梁を組んで、棟を上るが如く、講釋のみ爲すには、仁義禮智と云ふべし、之を行ふには、智禮義仁と次第して、先づ智を磨き禮を行ひ義を蹈み仁に進むべし、故に大學には、智を致すを初歩と爲す。夫れ瓦は磨けども、玉にはならず、されど幾分の光を生じ且つ滑らかにはなる、是れ學びの徳なり、又無智の者は能く心掛けて、馬鹿なる事を爲さぬ樣にすべし、生れ付馬鹿なりとも、馬鹿なる事をさへせざれば、馬鹿にはあらず、智者たりとも、馬鹿なる事をすれば馬鹿なるべし。

【三十二】

某の村の名主押領ありとて、村中寄り集り、口才ある者に托して、出訴せんと噪ぎ立てり。翁其の村の重立つたる者二三を呼びて、曰く押領何程ぞ、曰く米二百俵餘なるべし、翁曰く二百俵の米は少からずといへ共、之を金に替ふる時は八十圓なり、村民九十餘戸に割る時は、一戸九十錢に足らず、村高に割る時は一石に八錢なり、然るに、名主組頭等は持高多し、外十石以上の所有者は、三十戸なるべし、其の他は三石五石にして無高の者もあるべし、此の者に至りては、取る物なく縦令有るも、僅々の金なり、然るを箇樣に噪ぎ立つは大損にあらずや、此の件確證ありと云ふといへども、地頭の用役に關係ありと聞けば、容易には勝ち難し、縦令能く勝ち得るとも、入費莫大となり、寄合ひ暇潰し且つ銘々が、內々の損迄を計算せば、大損は眼前なり。何となれば、未だ出訴せざるに數度の寄合ひ、下調べ等の爲に費えたる金少からず、且つ彼は舊來の名主なり、之を止めて、跡に名主にすべき人物は誰なるぞ、予が見渡す處、是と指す者見えず、能々思慮すべき處なり、然れば向後押領の出來ざる樣に嚴に方法を設けて、悉く通ひ帳にて取り立て、役場の帳簿法を改正し遣すべき間、願くば名主も其の儘置くにしかじ、其の儘に置かば、給料を半に減じ、半を村へ出さすべし、押領米の償ひ方は、予別に工夫あり、字某の荒蕪地は、云々の處より水を引けば田となるべし。此の地に一村の共有地、二町歩程は良田となるなり、之を開拓し遣すべき間一同出訴を止めて、賃錢を取るべし、其の上寄合ひをする暇にて、共同して耕作せば、秋は七八十俵の米は受け合ひなり、來秋は八九十俵來々年は百俵を得べし、三ケ年間は、一同にて分け取り、四年目より開拓料を返濟せよ、返濟皆濟の上は、一村永安の土臺田地として法を立つべしと、懇々說諭せられたり、一同了承せりとの報あり。翁自集會場に臨み、說諭に服せしを賞讃し、酒肴を與へられ、且つ右の開拓は明日早天より取り掛り、賃錢は云々づゝ拂ふべし、遲參する事勿れと告げらる、一同拜謝し悅んで退散す、名主某も五ケ年間、無給にて精勤致し度旨を云ひ出たり、翁曰く、一村に取つての大難を僅く々の金にて買ひ得たり、安き物なり、斯の如き災難あらば卿等も早く買ひ取るべし、一村修羅場に陷るべきを一擧にして、安樂國に引き止めたり、大知識の功德に勝るなるべしとて、悅喜せられたり、翁の金員を投じ、無利子金を貸與して、紛議を解かれし事枚擧に暇あらず、今其の一を記す。

【三十三】

翁曰く、汝等勉强せよ、今日永代橋の橋上より詠むれば、肥取船に川水を汲み入れて、肥しを殖し居るなり、人々の尤も嫌ふ處の肥しを、取るのみならず、かゝる汚物すら殖せば利益ある、世の中なり、豈妙ならずや、凡そ萬物不淨に極れば、必ず淸淨に歸り、淸淨極れば不淨に歸る、寒暑晝夜の旋轉して止まざるに同じ、則ち天理なり、物皆然り、されば世の中に無用の物と云ふはあらざるなり。夫れ農業は不淨を以て、淸淨に替るの妙術なり、人馴れて何とも思はざるのみ、能く考へば眞に妙術と云ふべし、尊ぶべし、我が方法又然り、荒地を熟田に歸し、借財を無借になし、貧を富になし、苦を樂になすの法なればなり。

【三十四】

或曰く、親鸞は末世の比丘戒行の持ち難きを洞察して肉食妻帶を免せり、卓見と云ふべしと。翁曰く、恐らくは非ならん。予佛道は知らずといへども、之を譬へば、田地の用水堰の如き物なるべし。夫れ用水堰は米を作るべき地を潰して水路とせしなり。其の如く人の欲する處を潰して、法水路となし、衆生を濟度せんとする教へなる事明かなり。夫れ人は男女有りて相續すれば男女の道は天理自然なれども、法水を流さん爲に、男女の欲を潰して堰路となしゝなり。肉身なれば肉食するも、天理なれども、此の欲をも潰して法水の堰路とせしなり。男女の欲を捨つれば、惜しい欲しいの欲念も、悪いかはゆいの妄念も皆隨つて消滅すべし、此の人情捨て難き物を捨て、堰代りと爲せばこそ、法水は流るゝなれ、されば肉食妻帶せざる處を流傳して、佛法は萬世に傳はる物なるべし、佛法の流傳する處は、肉食妻帶せざる處にあるべし。然るを肉食妻帶を免して法を傳へんとするは水路を潰して、稲を植ゑんとするが如しと、予は竊かに恐るゝなり。

【三十五】

或曰く、毛利元就曰く、百事思ふ半分も、成就せぬ物なり、中國の主たらんと思ふて、漸く一國の主たるべし、天下の主たらんと願つて、漸く中國の主たるべしと、實に然るべし。翁曰く、理或は然らん、然りといへども、是れ亂世大將の志にして、我が門の稱せざる處なり。夫れ舜禹の帝王たるや、其の帝王たらん事を願はず、只一途に勤むべき事を、勤めしのみ、親に事へては、親の爲に盡し、君に事へては、君の爲に盡し、耕稼陶漁、皆其の事に就きて盡せるのみ、舜の歷山にある、禹の舜に事ふる時、何ぞ帝王たる事を願つて然らんや、己の身ある事を知らず、只君親ある事を知るのみ、古書に舜禹の事を述ぶるを、見て知るべし。此の如くならざれば、一家一村といへども、歡心を得る事難し、平治する事難し。譬へば家を取らん事を願つて、家を取り、村長とならん事を願つて、村長となるの類、其の家其の村必ず治らず、如何となれば、斯くせんと欲して爲せば、謀計機巧を用ふればなり、謀計機巧は、衆恨の聚る處なれば、一旦勢に乘じ智力を用ひ、是を爲すといへども、焉ぞ能く久しきを保たんや、焉ぞ能く治平を得んや、是れ我が門の戒むる處なり、夫れ東照公は國を治め民を安んずるの天理なる事を知りて、一途に勤めたりと宣へり、亂世にしてすら此の如し、敬服せざるべけんや。富商の番頭、忠實を其の主家に盡して、終に聟となり、主人となる者多し、夫れ商法家は家を愛する事、堯舜の天下を愛するが如くなる、故に然るなり。

【三十六】

翁曰く、論語に哀公問ふて曰く、年饑ゑて用足らず、之を如何。對へて曰く何ぞ徹せざるや。曰く二にして吾猶足らず、之を如何ぞそれ徹せん。對へて曰く、百姓足らば、君誰と共にか足らざらん、百姓足らずんば、君誰と共に足らんとあり。是れ解し難き理なり。之を譬ふるに鉢植の松養ひ足らず、將に枯れんとす、之を如何と問ふ時、何ぞ枝を伐らざると答へたるに同じ。又問ふ、此の儘にてすら枯れんとす、何ぞそれ枝を伐らん、曰く、根枯れずんば、木誰と共に枯れんと答へたるが如し。實に疑ひなき問答なり。夫れ日本は六十餘州の大なる鉢なり、大なれども此の鉢の松、養ひ足らざる時は、無用の枝葉を伐りすかすの外に道なし。人の身代も、銘々一つゞゝの小鉢なり、暮し方不足せば、速かに枝葉を伐り捨つべし、此の時に是は先祖代々の仕來りなり、家風なり、是れは親の心を用ひて、建てたる別莊なり、是は殊に愛翫せし物品なりなどと云ひて、無用の枝葉を伐り捨つる事を知らざれば、忽ち枯氣付く物なり、既に枯氣付きては、枝葉を伐り去るも、間に合はぬ物なり、是れ尤も富有者の子孫心得べき事なり。

【三十七】

翁曰く、村里の衰廢を擧ぐるには、財を抛たざれば、人進まず。財を抛つに道あり、受くる者其の恩に感ぜざれば、益なし。夫れ天下の廣き、善人少からず、然りといへども、汚俗を洗ひ、廢邑を起すに足らざるは、皆其の道を得ざるが故なり、凡そ里長たる者、其の事に幹たる者は、必ず其の邑の富者なり、縱令善人にして能く施すとも、自ら驕奢に居るゆゑに、受くる者、其の恩を恩とせず、只其の奢侈を羨んで、自の驕奢を止めず、分限を忘るゝの過を改めず、故に益なきなり、是に依つて村長たらん者自謙して驕らず、約にして奢らず、愼んで分限を守り、餘財を推し讓りて、村害を除き、村益を起し、窮を補ふ時は、其の誠意に感じ、驕奢を欲するの念も富貴を羨むの念も救ひ、用捨を欲するの念も、皆散じて、勤勞を厭はず麁衣麁食を厭はず、分限を越すの過を恥ぢ、分限の內にするを樂みとす、此の如くならざれば、廢邑を興し、汚俗を一洗するに足らざるなり。

【三十八】

翁曰く、己に克ちて禮に復れば、天下仁に歸すと云へり、是れ道の大意なり。夫れ人己が勝手のみを爲さず、私欲を去りて、分限を謙り有餘を讓るの道を行ふ時は、村長たらば、一村服せん、國主ならば一國服せん、又馬士ならば、馬肥えん、菊作りならば、菊榮えん、釋氏は王子なれども、王位を捨て鐵鉢一つと定めたればこそ今此の如く、天下に充滿し、賤山兒といへども、尊信するに至れるなれ、則ち予が說く所の、分を讓るの道の大なる物なり、則ち己に克つの功よりして、天下是に歸せしなり。凡そ人の長たらん者何ぞ此の道に依らざるや、故に予常に曰く、村長及び、富有の物は、常に麁服を用ふるのみにても、其の功德無量なり、衆人の羨む念をたてばなり、況んや分限を引きて、能く讓る者に於てをや。

【三十九】

伊藤發身曰く、翁の疾重れり、門人左右にあり、翁曰く、予が死近きにあるべし、予を葬るに分を越ゆる事勿れ、墓石を立つる事勿れ、碑を立つる事勿れ、只土を盛り上げて、其の傍に松か杉を一本植ゑ置けば夫にてよろし、必ず予が言に違ふ事勿れと、忌明けに及んで遺言に隨ふべしと云ふあり、又遺言ありといへどもかゝる事は弟子の忍びざる處なれば、分に應じて、石を立つべしと言ふあり、議論區々なりき、終に石を建てしは未亡人の意を賛成する者の多きに隨へるなり。

【四十】

翁曰く、佛家にては、此の世は假の宿なり來世こそ大切なれ、と云ふといへども、現在君親あり、妻子あるを如何せん、縱令出家遁世して、君親を捨て妻子を捨つるも、此の身體あるを如何せん、身體あれば食と衣との二つがなければ凌がれず、船賃がなければ、海も川も渡られぬ世の中なり、故に西行の歌に、「捨て果てて身は無き物と思へども、雪の降る日は寒くこそあれ」と云へり、是れ實情なり、儒道にては禮に非れば、視る事勿れ、聽く事勿れ、云ふ事勿れ、動く事勿れと敎ふれども、通常汝等の上にては夫にては間に合はず、故に予は我が爲になるか、人の爲になるかに非れば、視る事勿れ、聽く事勿れ、言ふ事勿れ、動く事勿れ、と敎ゆるなり。我が爲にも、人の爲にもならざる事は經書にあるも、經文にあるも、予は取らず、故に予が說く處は、神道にも儒道にも佛道にも、違ふ事あるべし、是は予が說の違へるにはあらざるなり、能々玩味すべし。

【四十二】

翁山林に入つて材木を檢す、挽割りたる材木の眞の曲りたるを指して諭して曰く、此の木の眞は則ち所謂天性なり、天性此の如く曲れりといへども、曲りたる內の方へは、肉多く付き、外へは肉少く付きて、長育するに隨ひて、大凡そ直木となれり、是れ空氣に押さるゝが故なり、人間世法に押されて、生れ付きを顯はさぬに同じ。

故に材木を取るには、木の眞を出さぬ樣に墨を掛くるなり、眞を出す時は、必ず反り曲る物なり、故に上手の木挽の、材木を取るが如く、能く人の性を顯はさぬ樣にせば、世の中の人、皆用立つべし、眞を顯はさぬ樣にするとは、佞人も佞を顯はさず、奸人も奸を顯はさぬ樣に、眞を包みて、其の直なるをば柱とし、曲れるをば梁とし、太きは土臺とし、細きは桁とし、美なるをば造作の料に用ひて殘す事なし、人を用ふる、又此の如くせば棟梁の器と云ふべし。又山林を仕立つるには、苗を多く植ゑ付くべし、苗木茂れば、供育ちにて生育早し、育つに隨ひ木の善惡を見て拔き伐りすれば、山中皆良材となる物なり、此の拔き伐りに心得あり、衆木に拔んでゝ長育せしと、衆木に後れて育たぬとを伐り取るなり、世の人育たぬ木を伐る事を知りて、衆木に勝れて育つ木を伐る事を知らず・縱令知るといへども、伐る事能はざる物なり、且つ此の拔き伐り手後れにならざる樣、早く伐り取るを肝要とす、後るれば、大いに害あり、一反歩に四百本あらば、三百本に拔き、又二百本に拔き、大木に至らば又拔き去るべし。

【四十二】

翁曰く、天地は一物なれば、日も月も一つなり、されば至道二つあらず、至理は萬國同じかるべし、只理の窮めざると盡さゞるあるのみ、然るに諸道各々道を異にして、相爭ふは各區域を狹く垣根を結ひ回して、相隔つるが故なり、共に三界城内に立籠りし、迷者と云ふて可なり、此の垣根を見破りて後に道は談ずべし、此の垣根の内に、籠れる論は聞くも益なし、說くも益なし。

【四十三】

翁曰く、老佛の道は高尙なり、譬へて云はば、日光箱根等の山岳の峨々たるが如し、雲水愛すべく、風景樂むべしといへども、生民の爲に功用少し、我が道は平地村落の野鄙なるが如し、風景の愛すべきなく、雲水の樂むべきなしといへども、百穀涌き出づれば國家の富源は此處にあるなり、佛家知識の淸淨なるは譬へば濱の眞砂の如し、我黨は泥沼の如し、然りといへども蓮花は濱砂に生ぜず、汚泥に生ず、大名の城の立派なるも、市中の繁花なるも、財源は村落にあり、是を以て至道は卑近に有りて、高遠にあらず、實德は卑近にありて、高遠にあらず、卑近決して卑近にあらざる道理を悟るべし。

【四十四】

翁曰く、予久敷く考へて、神道は何を道とし、何に長じ、何に短なり、儒道は何を教へとし、何に長じ何に短なり、佛教は何を宗とし、何に長じ何に短なり、と考ふるに皆相互に長短あり、予が歌に「世の中は捨て足代木の丈くらべ、それこれともに長し短し」と云ひしは、慨歎に堪へねばなり。仍つて今道々の專らとする處を云はゞ、神道は開國の道なり、儒學は治國の道なり、佛教は治心の道なり、故に予は高尙を尊ばず、卑近を厭はず、此の三道の正味のみを取れり、正味とは人界に切用なるを云ふ、切用なるを取りて、切用ならぬを捨て、人界無上の敎へを立つ、是を報德敎と云ふ、戲れに名付けて、神儒佛正味一粒丸と云ふ、其の功能の廣大なる事、擧げて數ふべからず、故に國に用ゐれば、國病癒え、家に用ゐれば家病癒え其の外荒地多きを患ふる者、服膺すれば開拓なり、負債多きを患ふる者、服膺すれば返濟なり、資本なきを患ふる者、服膺すれば資本を得、家なきを患ふる者、服膺すれば家屋を得、農具なきを患ふる者、服膺すれば農具を得、其の他貧窮病、驕奢病放蕩病、無頼病、遊惰病、皆服膺して癒えずと云ふ事なし、衣笠兵大夫、神儒佛三味の分量を問ふ、翁曰く、神一匕、儒佛半匕づゝなりと、或傍に有り、是を圖にして三味分量（神儒佛）此の如きかと問ふ。翁一笑して曰く、世間此の寄せ物の如き丸藥あらんや、既に丸藥と云へば、能く混和して、更に何物とも、分らざるなり、此の如くならざれば、口中に入つて舌に障り、腹中に入つて腹合ひ悪し、能々混和して何品とも分らざるを要するなり呵々。

【四十五】

或問ふて曰く、因果と天命との差別如何、翁曰く、因果の道理の尤も見易きは、蒔種の生ふるなり、故に予人に諭すに「米蒔けば米の草はえ米の花咲きつゝ米の實のる世の中」の歌を以てす、佛は種に因つて、生ずる方より見て、因果と云へり、然りといへ共、之を地に蒔かざれば生ぜず、蒔くといへども、天氣を受けざれば育せず、されば種ありといへども、天地の令命に依らざれば生育せず、花咲き實のらざるなり、儒は此方より見て天命と云へるなり。夫れ天命とは天の下知と云ふが如し、惡人の刑を免れたるを見て佛は因緣未だ熟せずと云ひ、儒は天命未だ降らずと云ふ、皆米を蒔きて、未だ實らざるを云ふなり、此の惡人捕縛に就くを見て、佛は因緣熟せりと云ひ、儒は天命到れりと云ふ、而して之を捕縛する者は、上意と云へり、此の上意則ち天命と云ふに同じ、夫れ借りたる物を約定の通り返すは、世上の通則なり、されば規則の通りふむべきは、定理なるを、履まざる時は、貸方之を請求して、上命を以て此の規則を履ましむ、爰に至つて身代限りとなる、佛は之を見て、借りたる因によりて、身代限りとなるは果なりと云ひ、儒は借りて返さゞる故に身代限りの上命降れりと云ふなり、共に言語上に聊かの違ひあるのみ、其の理に於ては違ひなし。又問ふ、因緣とは如何、翁曰く、因は譬へば蒔きたる種なり、之を耕耘培養するは緣なり、種を蒔きたる因と、培養したる緣とに依りて、秋の實のりを得る之を果と云ふなり。

【四十六】

翁曰く、昔堯帝國を愛する事厚し、刻苦勵精國家を治む、人民謳ふて曰く、井を掘りて呑み、田を耕して食ふ、帝の力何ぞ我にあらんや、帝之を聞いて大いに悦べりとあり、常人ならば、人民恩を知らずと怒るべきに、帝の力何ぞ我に有らんやと、謳ふを聞いて悦べるは、堯の堯たる所以なり、夫れ予が道は、堯舜も之を病めりと云へる　大道の分子なり、されば予が道に從事して、刻苦勉勵國を起し村を起し、窮を救ふ事有る時も、必ず人民は報德の力、何ぞ我に有らんやと謳ふべきなり、此の時是を聞いて、悦ぶ者にあらざれば、我が徒にあらざるなり謹めや〳〵。

夜話自跋

或曰く、此の書能く、ものせられたりと敬服す。されど文詞の野鄙なるは、遺憾に堪へず、堂々たる先師の言論なるを、などかくは書かれしぞ、答へて曰く、予曾つて聞けり。御國の文章と云ふ物は、あやしき物なり。萬國ともに、說話と文章とは同じくして、口に述ぶれば說話となり、筆記すれば文章となりて、說話と文章と一致なるは、萬國皆然りとぞ。然るに獨り御國のみ、說話と文章と異なれるは、其の元漢文に、訓點を付してよめるを文法とせしより、かゝる弊を生ぜし物にして、漢文ぶりなるを美とし、說話ぶりなるを卑しとするの弊を改めて、說話と文章とを、一致に歸せしめざれば、萬國に對して耻づべく、かつ開明にも進み難しと云へり。實にうべなる論なるべし。はた雅言にて、書かばやと思ひつれど、古人の言に雅言の文はいかに委しきも、物の味を、甘し辛しと人に聞きたるが如し。俗言のは物の味を、みづから甞めてしるが如しとあり、實に能き譬へにて、俗に通ぜざれば詮なし。彼是を思ひ合せて、如何にせんと思ひ煩ひつれど、先師の說話の、筆記にしあれば、說話のまゝに記さんこそ、本意ならめと思ひ定め、かつ予が淺學不才を以て、漫りに筆を弄ばゝ、道を誤るの恐れあり。なるべくそのまゝに記して、違はざらん事を旨とせしなり。或ひと又曰く、先師の說話、必ず夜には限るまじ。斯れ大道の敎訓なり。然るべき書名なかる可からず。さるを夜話とせしは如何。答へて曰く、予不肖且賤、諸藩太夫達の對話、堂々たる論議を聞く事を得ず、予が聞ける處は、重大の論議にあらずして、夜間打ちとけたる、我輩どちへの敎訓にして、瑣々たる說話のみなれば、夜話と號せしなり。或ひと又曰く、先師の門人は許多なり。其の中、心を治め、身を脩め家を齊へたるは、枚擧に暇あらず。一村を興し數村を復し、數十村に及ぼし、郡國を治めて、世に聞えたる者も少からず。而して敎訓を筆記せる人なし。然るに吾子五卷を筆記せり、如何にしてか、かく多く敎訓を聞けりや。答へて曰く、予不肖と雖ども、敎訓を多く聞きたるは、同門に讓らざるなり。門人師の許にあるも櫻町にあるも、東郷にあるも、師の居處と門人の居處とは、隔りたれば、或は二三日或は四五日づゝ、師の顏を見ざる事あり、また師他出の時は、十日廿日間徒らに、留主を守る事多し。然して同門皆、帶刀者なれば。隨行に便ならず。予は帶刀せざるを以て、何れの出張にも、隨はざる事なし。其の旅宿の尤も長かりしは、東郷神宮寺の假宅なり。此の時の隨從は、波多某と己と僕とのみ。己れ若かりし故、學んで倦まず、波多氏は半白なり持病あり、故に春雨梅雨の徒然、秋冬の長夜師無聊に堪へ玉はず。予をして古書を朗讀せしめ、心に適する處あれば、其の章に就いて講說あり。來狀の開封にも、文案の執筆にも又同じく說話あり。朝暮夜具の片付け、茶飯の給仕、夜は肩を打ち腰をもみ、出張には刀を擔して隨ひ、次席に侍せり。總て敎訓を多く聞けるは此の故なり。是れ予が不肖を以て、此の書を記せし所以なり、されど徒らに糟粕のみを、耳に止めしのみならず。師の敎訓はすべて衆人に對して、講議せられし事なく、必ず一兩名に對して、其の者を說諭せらるゝか、又事ありて其の事に就いての敎戒の轉じて他に及ぶ等なり。故に其の說話必ず、爲にする處ありてなり、譬へば甲を諭さんが爲に乙に向つて論破し、又乙の爲の說諭を、一座の者に響かせ、丙に諷諭して、丁の心得にせらるゝ等、時にもより處にもより、變化自在右に說き、左に移し、前に有るかとすれば、後にあるの敎訓多し、されば能く其の意を得て、記さゞれば其の深意は得難き物なるを、予が不肖いかにしてか、其の深意を知るべき。且不文にして、十が一も其の意を記す事能はず、實に僭踰の罪、さり處なく、只畏懼するのみ。或又曰く、吾子が聞ける處は盡せりや、答へて曰く、富國捷徑其の他の、著書にも擧げたれば、大凡は盡せり。されど未だ殘れるも有れば、折を以て猶記すべくなん、或又曰く吾子は敎旨を論じて、神道一匕儒佛半匕づゝの、調合法なりと記せり。岡田氏は、神儒佛に依るにはあらず、師の發明なりと云へり如何。答へて曰く、予が述ぶる處は、師の說話の儘に記せるなり。岡田の說は師の心中を考察して言へるなり。師の意中を察する時は、予も岡田と同說にして違はじ。如何となれば、師若年より天地間の道理に於いて、恐らくは考へざるなく、盡されしなるべし。されば三道によらずして、師の發明なる事言はずして明かなり。然りといへども、幕府の末世、法の嚴なるを畏縮し、其の說話は悉く、三道の說に依つて說話せられ、三道に依る所なく、古人に說なき事は、口外せられざる事多しと、覺ゆればなり、或又曰く、孔子は大聖にして、堯舜に賢れりと云へり。其の道は公明正大にして完全なり。然れども取捨ありや。答へて曰く、何ぞなからん。夫れ皇國は皇統一系、萬國無比なり。而して彼には、受禪あり放伐あり、何ぞ取捨せざる事を得ざらんや。或又曰く、夜話は宜しといへども、章段入交りて、道の全體をみるに不便なり。乞ふ報德の道の全體を、簡單に說示せよ。答へて曰く、報德學の全體を知らんには、報德記を熟讀し、夜話を參考せば、自ら了然たるべし。且つ報德外記あり、內記あり、右等を摘要して聊か述ぶべし。夫れ報德學は實行學なり、故に普通の學と違ひ、實德を尊んで實理を講明し、實行を以て實地に施し、天地造化の功德に、報ずるの勤めをなして、以て安心立命の地となす敎へなり。其の天地に報ずるの勤めは、內に天賦の良心を養成すると、外に天地の化育を、贊成するとの二つなり。概して之をいへば道德と經濟なり、故に道徳を以て體とし、經濟を以て用とし、此の二つを、至誠の一つにて貫くを以て道とす。予近來童蒙に諭すに、四要と云ふ事を立てて教ふ。四要とは一誠二行、三勤四徳の四つを云ふ。一誠は至誠なり、二行は道徳と經濟なり、三勤は勤儉讓なり、四徳は仁義禮智なり、又資産ある人、篤信の人は、五讓法分度法結社法あり、之を執行三法と名付く、皆道徳經濟を、貫きたる良法なり。結社法は富國捷徑に言へり。其の目的とする處は、眞理により眞益を求め、社會に幸福を增進して、相供に安寧を得、道徳は性命を正し、日新にして盛徳を期し、昇天を希ひ、經濟は首として庶物を出し富有大業を望み、永續を希ひ、一身一家一村一郷の咸寧を守り、貧富を和し爭訟を止め、大和を保合するにあるなり。或曰く、道の大意を岡田氏に問へるに、吾子が說と違へり如何、答へて曰く、予は昔聞く處の儘を述ぶるのみ。岡田は弘く、洋學書を見て之を引けり。今日の世の中、尤も然あるべき事なり。其の說洋籍によるが故に、違へるが如く聞ゆれど、能く玩味すれば、違へる處なし。予が述ぶる處の、一誠二行三勤四徳の如き、名は異なりといへども、其の意は同じ、予が道徳經濟と云へるを、岡田は立德致富と云へるが如し。四德の說に至りて、少しく違へりといへども、開智を先とするは又同じ。且つ岡田といへども、仁義禮を捨つるにはあらず。されば、根も幹枝も違ひなし、梢と葉とに至りては、時處位に依りて相違あるは當然の事なり。或ひと又曰く、道は高遠なり。之を學ぶの方如何。答へて曰く、道は高遠にあらずして、平易なり。空理にあらずして、實地なるが故に、知り難く行ひ難き事なし。然るを世人惑ひて、知り難く行ひ難く、高遠深長にして、容易に窺測し難く、常人及ぶべからざる者を以て、至道となして、知り易く、行ひ易く中正平易なる物、却つて萬世不易、天下至極の大道なる事をしらず。徒らに高尙にのみ走れるを歎かれて、立てられし道なれば、少しも難き事なし。此の道に入るには、道は高遠にあらずして、卑近にある事を知るにあり。至道は卑近にある事を知れば、實德實行の尊き事をしるべし。實德實行の尊き事を能く知らば、思ひ半に過ぎん。

或ひと又曰く、報德手引草の題辭に、品川農商務大輔の歌あり。曰く「わけはかるのりの敎へを守りつゝ誠の道を盡せ人々」此の歌の意如何。答へて曰く、師が敎へられし、分度法の教へをよく守り、至誠を以て、此の道を盡せと云ふ意なり。此の分度法たるや、師の發明實行せられし、良法にして、夜話の中、此の法の說枚擧に暇あらず。能く熟讀參考せば、了解すべしと答ふ。時に此の巻を校合せし折なれば、くだくだしきを忘れて、記して跋となすになん。あなかしこ。

明治二十年一月二十日

福住正兄識

先師二宮尊徳翁の一代記とまをすべき報德記八卷嚮に　乙夜の　覽に入り御嘉尚在らせられ宮內省に　勅ありて明治十六年板刻になりぬさるにおのれ先師のもとにありし比師の說話を聞けるまに〳〵書きとめおきつるをこたび書き清めて二宮翁夜話と題し櫻木に物せしに此の程刻なりぬればおほけなきわざにはあれど先師の說話の筆記にしあれば杉大輔の殿にまをして此の五卷を廿年八月十四日に叡覽に一部　皇后の宮に一部捧け奉りしにかしこくも　御覽に供へ奉らんとの言の葉承りうれしさ身にあまりぬればよめる

玉幸ふ神と皇との御德に報いん道の祖とたのむ二宮老翁の朝にけに敎へいましめ宵々の說きさとしごとおほけなきわざにはあれど拙かる筆にはあれど書きつどり〳〵おきてし五卷を板にゑらせれ其のわざのけふしなれば、老が手に持ちて捧げて雲の上の大內山に奉つる事のかしこさかしこくもみそなはさんときくがかしこさ

福住正兄

二宮翁夜話殘篇

【一】

翁曰く、天道は自然に行はるゝ道なり、人道は人の立つる所の道なり、元より區別判然たるを相混ずるは間違なり。人道は勤めて人力を以て保持し、自然に流動する天道の爲めに押流されぬ樣にするにあり。天道に任する時は堤は崩れ、川は埋り、橋は朽ち、家は立腐れとなるなり。人道は之に反し、堤を築き川を浚へ、橋を修理し、家根を葺きて雨のもらぬ樣にするにあり。身の行ひも亦此の如し、天道は寢たければ寢、遊びたければ遊び、食ひたければ食ひ、飲みたければ飲むの類ひ、人道は眠たきを勤めて働き、遊びたきを勵まして戒め、食ひたき美食を堪へ、飲みたき酒を控へて明日の爲に物を貯ふ是れ人道也、能く思ふべし。

【二】

翁曰く、定九郎曰く、地獄の道は八方にありと、實に八方にあるなるべし。凡てひとり地獄の道のみならず、極樂の道も又八方にあるべし、豈念佛の一道ならんや。何れより入るも其の到る處は必ず同じ極樂なり。八方にある極樂の道には平坦の道もあり、嶮岨なるもあり、遠きもあり、近きもあるべし。予が敎ふる所は平坦にして近し。無學の者、無氣力の者是より入るべし。

【三】

翁曰く、身體一所惱む所あれば、惣身之が爲めに惱むは人の知る所なり。腦なり胃なり肺なり皆同じ、甚しき時は死に至る、これ一體なるが故なり。國家も亦同じ一家負債あれば是が爲に惱み、國凶作なれば之が爲に惱む、皆人の知る所なり。故に身も家も國も惱む所無からんことを欲するを衞生といひ、勤儉といふ、又泰平を祈るといふ。而して家に負債多ければ、人身に及んで神經を惱ますに至るも皆人の知る所なり。方今の世の中、驕奢行はるゝが爲にこの惱み多し、此の惱み甚しければ家を失ひ身を失ふに至る、愍然の至りなり。之を自業自得といへば夫までなれど、自業自得は戸主に在りて、老幼婦女は相伴をするなり、いたましからずや。之を救ふの道を考ふるに、予が立てたる報德金貸付の道を第一とす。如何となれば此の報德金の貸付は日輪の神德と同じければなり、此の功德の廣大なる事は予が數年心を盡して考へ、數年自ら取扱ひて經驗したる法なればなり。天地の萬物を生育し給ひて、惠まざる所なき天地の德に法りたる法なればなり。

【四】

翁曰く、官祿家格ありて世に知られ人に用ひらるゝは、そは官祿家格ある故なり、是之なくして世に知られ人に用ひらるゝ者は、賤業の者といへども侮るべからず。是は生れつき勝れたる者なればなり、六尺手廻りの頭、雲助の頭など是なり。過日火事あり、予火の見に上りて見居りしに、當時江戸にて名高く、人に知られし男伊達と聞えたる某、湯より上りてぶら〳〵と來る時、火消し大勢どや〳〵と來掛りたる中に、壹人水溜りに飛入りて、男伊達に泥をあびせて去り過ぎぬ。彼莞爾と笑ひ、今日なるぞ然うせよと云ひつゝ、少しも怒る色なく傍らなる天水桶にて泥を洗ひて、靜々と過ぎ行きぬ。其の容體のおとなしさ、威有つて猛からず、恭しくして安しと云ふべき形狀云はん方なし、誠に感服せり。論語に君子に三變あり、之に望むに儼然たり、之に卽くに溫なり、其の言を聞くや厲しと、子夏氏の言へる通り、斯々る賤民にても其の變りたる所いちじるし、賤民とて侮るべからず、賤業とて賤むべからず。

【五】

翁曰く、一村千石の高にて戶數百戶あれば、一戶十石に當る、是れ其の村に住む者の天命なり。之より多きは富者といふべし、富者の務は讓なりと。門人中一人進んで曰く、予村內にて天命に當れり。予は足ることを知りて、この天命に安んじて、勤儉を守り、年々不足なく暮しを立て、足れりとして金を積んで、田畑を買ふ事をなさず、是れ則ち讓道に當るべしと。翁曰く、是は不貧といふべし、何ぞ讓といふことを得ん。此の如き論老佛者流に多し、惡からずと雖も、今一段上らざれば國家の用をなさず、然らざれば何を以て天恩四恩に報ゆべき。夫れ勤儉以て財を積み、田畑を買求め、家產を增殖して、天命あることを知らず、道に志さず、飽く迄も增殖を欲し、又自奉にのみ費すは、云ふに足らざる小人なり、其の心志奪にあり。勤儉以て財を積み、田畑を買求め、家産を増殖する迄は同じといへども、爰に於て天命あることを能く知り、道に志して讓道を行ひ、土地を改良し、土地を開き、國民を助くる、此の如くにしてこそ讓道を行ふと云ふべきなれ。此の如くにしてこそ國家の用ともなり、報德ともなるなれ。何ぞ前の不貧者を讓者と云ふべけんや。

【六】

翁曰く、我道は讓道を貴ぶ。讓道は富貴を永遠に保持するの道にして、富貴の者怠るべからざるの道なり。されば我道は富貴を永遠に維持するの道なりと云ふも不可なかるべし、されば富貴者たる者は必ず我道に入りて誠心相勤め、永遠に富貴を祈るべし。

【七】

翁曰く、若輩の者は、能く家道を研究すべし。家道とは分限に應じて我家を持つ方法の事なり、家の持ち方は、安きが如くなれども、至つて六ケし。先づ早起きより始めて、勤儉に身を馴すべし。夫より農なり、商なり、家業の仕方を能く學ばずして家を相續するは、將棋に譬ふれば、駒の並べ方も能く知らずして、指さんとするが如し、指す毎に打ちまけて、詰り失敗するは眼前なり。若し餘儀なくこの修業出來ずして相續せば、親類後見など能く人を師として、一々差圖を乞ふて、それに隨ふべし。是れ將棊を一手毎に教へを受けて指すに同じ、さすれば間違ひなし。然るを慢氣して人に相談せず、氣儘に金銀を遣はゞ、忽ち金銀を相手に取らるべし。凡て譬へば父の拵へたる家を相續するは、將棋の駒を人に並べて貰ひたるが如し。將棋の道を知らずして、我が思ふ儘にさゝば、失敗は知れたる事なり。中庸に愚にして自用を好み、賤にして自專を好み、今の世に生れて古の道に反く、此の如くなれば禍必ずその身に及ぶとあり、今の世に生れて古の道に反くとは、後世の子孫と生れて、先祖數代の家を不足に思ひ、傳來の家具を不足に思ひ、先祖の宗を誹したり、勤儉の道に背きて驕奢にふけるを云ふなり。古人はかく懇ろに戒め置けり、愼むべし。

【八】

翁曰く、毫厘の差、千里の違ひと云ふ事あり、皆人は譬へと思へり。予利倍帳を取調べたる時、二ケ年目の利に、永一文の違ひありたれば、百八十年目に至り、一百四十一萬九千八百九十五兩永貳百九十四文九分五厘の差となれり。實に毫厘千里なり、譬へにはあらず實事なり。恐るべし。

【九】

翁曰く、肉眼にて、みれば見えざる所あり、心眼を以て見れば見えざる所なし。肉耳にて聞けば聞えざる所あり、心耳にて聞けば聞えざる所なし。これは禪家などの主張する所なり。世を治むるも、人を治むるも、德を以てすると法を以てするとの差別も又此の如し。

【十】

翁曰く、財を惜む者は、如何程愍然の者を見るも救ふ事能はず、命を惜む者は、君の不能を見て强諫すること能はず、又馬前に死する事も能はず。此の如き者は農事も十分にする事は出來ざるべし。夫れ農は天變凶歳風雨を恐れては十分に肥を用ひ、力を盡す事は出來ぬなり。損害は天に任せて、天下の農人は農をするなり。然るを況んや仕官して君に仕ふる者をや、況して累代仕官の者をや。

【十二】

翁曰く、君を諫めて用ひられざるを憤るは、諫爭にはあらずして憤爭なり。眞の忠諫は一旦君意に違ひ退けらるゝとも、正鵠を失すれば之を此身に、求むるの金言を師として、君を不明と云はず、我が忠心の至らざるを責めて、敬を起し忠を起し憤らず怨まず、愼んであらば用ひられざる事あらんや。然るに君を諫める者、用ひられざれば君を怨み憤りを含んで、君を不明と言ふに至り、忠臣といふべけんや。

【十三】

翁の家に出入る者曰く、予今日眞岡にて聞きたり、同町と久下田町との間の道は、敷地と巾十一間なりと。道は公地なり、されば久下田町に米を運送して歸路に、路傍の艸を刈りて戻らんと考へたりと。翁曰く、汝が屋敷は本歩は五畝歩なり、然るに壹反餘あるべし。人來りて汝が屋敷の竹木を取らば如何、汝默するや、能く思ふべし。假令道路敷地といへども自村と他村との區別あり、右樣の事はいふべき事にあらず。隣家某の屋敷は廣し、さればとて餘歩の地の竹木を伐り取らんと云はゞ無道なり。自ら私の屋敷は餘歩多し、竹木の入用の方は遠慮なく伐り取らるゝも苦しからずと云ふは誠によし。路傍の艸も、久下田の町にて、屋敷地十一間なれば、他村の人たりとも馬を引いて空しく歸るは損なり、艸を刈りて附け行くもよろしと云はゞ誠に宜し。此の方より刈り取るも何かあらんと云はば惡し、思ふべきことなり。

【十三】

翁曰く、芭蕉の句に「古池や蛙飛込む水のおと」この音は只の音と聞くべからず。有の世界より無の世界に入る時の音と觀じて聞くべし。木の折るゝ時の音、鳥獸の死する時の聲と同じ、是を通常の水の音とする時は、稱讃すべき處なし。

【十四】

或曰く、某は借も千圓なり、貸も千圓なり、如何爲して然るべきや。翁曰く、是れ誠に面白き事なり。汝が借り方に向つて言ふ心を以て貸し方にいひ、汝が貸し方に向つて言ふ心を以て借り方に向つて談判すべし、然せば兩全なるべし。

【十五】

宇津氏の馬、厩を離れて邸内を馳せ廻れり。人々大いに噪ぎ立ちける時、別當出で來りて靜かにすべし靜かにすべしと云ひて、飼葉桶をたゝきて小聲に呼びければ、流石に猛く刎廻りし馬急に靜まりて飼葉に付けり。翁曰く、汝等心得よ、世の中は何も六ケしき事決してなし。狗も來いよ〳〵と云ふ許りにては來ず、時々食を以て呼ぶ時速かに來る。茄子もなれ〳〵と云つてなるにあらず、肥をすれば必ずなる。猫の脊中も順に撫でれば知らぬふりして眠り、逆に撫でると一撫でにて爪を出す。予櫻町を治むるも此の理を法として、勤めて怠らざりしのみ。

【十六】

翁曰く、夫れ人の紛議を解くは道徳の一つにて、世を救ふの一つなれど、又一つ心得べき事あり、訴訟の內濟示談なり。是れ實に兩全の道なれども、又弊害も少からず。予櫻町にあり、近郷この扱ひといふ事盛んに行はれて、訴訟甚だ繁し。習つて察せず。法を嚴にして之を制すれば、方今の訴訟その幾分を減ずべし。如何となれば此の邊にて內濟の事を扱ふものを見るに、必ず智力もあり、辯才もあつて、白を黑にし、黑を白になすの奸人、表を飾りて此の事を業の如くする者あり。この者よく弱きを助け、强きを折き訴訟を內濟して、衆の難を救ふが如く見ゆれども、竊にその內情を聞き、能く〳〵觀察する時は、この紛議の因は此の者に因つて發する事多し。それ村里に一紛議の起るや、或は激言して之を爭はしめ、また和言を以て之を止め、始終その間に周旋して利と譽とを己に取る奸人あり。然るに世の中不明にして是を尊み、是を用ふ。往時櫻町に奸人あり、予先づ此の者を退けぬれば、訴訟の事斷然止み、柔善の者里正たることを得たり。某の如き好き人里正に居て、從來の細民鰥寡孤獨に至るまで、皆其の利を利とする事を得るなり。凡そ國家を治むる者、前に云ふ所の如き奸民を退けて良民を撫するを以て勤めとすべし。人道は元作爲の道なるが故に、農夫の勤めて草を去るが如く、惡民を去つて良民を養はざれば、良民立つ事あたはず、良民立つ事能はざれば邦家の衰廢見るべきなり。夫れ奸民は譬へば莠草の如し、茂生すれば田園蕪廢す、故に奸民志を得れば村里衰廢す。良民は譬へば稻の如し、莠草を去らざれば稻榮えず、故に奸民を退けざれば良民困苦す。莠草を去りて稻を助くるは農業なり、奸民を退けて良民を撫するは政事なり。夫れ農業を勤むるは下の職なり、政事を勤むるは上の職なり。下其の職業に怠らざれば、國豊饒す。上其の職を勤むれば國用餘りあり。上下各々其の職分を盡さば、天下平らかなるべし、故に古人も政事をなすは農の田を作るが如しと云へり。夫れ農の業は莠草を拔除して稻を肥すにあり、上の職は奸民を退けて良民を育するにあり、而して農は莠草の憎むべきを知りて是を去るを勤めとす、其の上この奸民を愛して是を重んずるは過れり。彼の奸民は才力辯舌衆に越え、是に加ふるに能く世事に馴れ上下に通じて始終之をあやつりて、事を犯し、事を鎭め、その中間に立ちて利を己に占むる物なり。然るを人之を知らず、是を尊み之を用ふ、過てり。夫れ此の如きは莠草を以て善とし、美とし、之を糞培せば、邦家の衰へざることを得んや、

【十七】

翁曰く、眞菰を俵に作る、蟲喰はざるものなり。木綿を入るゝに用ふべし、塵付かずしてよろし。

【十八】

翁曰く、某村某は强欲にして積財を勤め、隣りに艱難あるも救はず、貧窮に陥るあるも憐まず、金を貸すこと酷にして高利を貪り、恨みを村里に結んで意とせず、其の行甚だ惡むべきが如し。然りといへども其の力を農事に盡す處を見る時は近鄕比類なし。耕種培養、能く時に先後せず、春は原野に草を刈り、秋は山林に落葉を掻き、夏は炎暑を厭はず、冬は雪霜を侵し、晨に起き夜半に寢て、力を農事に盡せり。其の勤農實に至れりと云ふべし、聖賢をして農業を勤めしむるも之に過ぐべからず。其の作物の爲に盡せば、秋に至つて己に利ある事を了知すること、釋氏といへども又之に過ぐべからず。若し此の理を人倫の間に用ひ、自ら能く勤むる所の農術を人に敎へ鄕里の爲に懇誠を盡さば、聖賢に彷彿たらん者なり、惜しいかな。

此の地の賢人と呼ばれんものを、惜しいかな。予之を諭しゝも悟る事能はず惜しいかな。

【十九】

翁曰く、大雨の時井水溢るれば、洪水ありと知るべし。洪水の時は天より降る而已にあらず、地よりも湧くかと思はるゝ樣に、井の水溢るゝものなり。又川流に隨つて風吹く時は、大雨といへども洪水少し。川流に逆ひて風の吹き上る時は、必ず洪水あり、知るべし。

【二十】

或曰く、彼岸の文字は素儒書より出づと、梧窓漫筆にありと。翁曰く、文字の出所は知らずといへども其の言は佛意なり。何となれば、此の岸を離れて彼の岸に到るの謂なればなり。夫れ寒より暑に至るを春の彼岸と云ひ、暑より寒に至るを秋の彼岸と云ふ。今一艸を以て之を云はん、春の彼岸は種の岸を離れて艸の岸に到るなり、秋の彼岸は艸の岸を離れて種の岸に到るなり。凡事此の岸を離れざれば、彼の岸に到る事能はず。故に艸より艸の生ずる事なく、種より種の生ずる事なし。或は艸となり、或は種と成りて、百艸相續す。是れ所謂循環の理なり。されば彼岸は、佛意なる事明かなり。此の季節に先祖を祭る事の起りは、儒も佛も同感なるべし。

【三十一】

某曰く、予薄運か神明加護なきか、爲す事成らず、思ふ事齟齬すと。翁諭して曰く、汝過てり、薄運なるにあらず、神明加護なきにあらず、是れ則ち神明の加護にして則ち厚運なるなり、只願ふ所と爲る所と違へばなり。夫れ汝が願ふ所は瓜を植ゑて茄子を欲し、麥を蒔きて米を欲するなり。願ふ事ならざるに非ず、成らざる事を願へばなり。然して神明加護なしといひ、又薄運と云ふ、過にあらずや。夫れ瓜を蒔きて瓜の熟り、米を蒔きて米の實法るは、天地日月の加護なり。然らば則ち惡をなして刑罰來り、善をなして福來るは、天地神明の加護、米を蒔きて米を得ると同じ。然るに神明加護なしと云ふ過ならずや。

【三十二】

翁天保三年櫻町陣屋下の畑租を免じ、壹町歩に付貳反歩づゝの割を以て稗を蒔かせ、常の圍ひとせられしに、翌四年違作にて積み置くまでもなく用に立ち、又同六年同じく稗を蒔かせたるに、翌七年大凶荒たりき。爾來圍穀の命を下さゞりしに、弘化二年また俄かに夫の食の用意と圍穀を命じ、稗を蒔かせられしが同年違作にて又々之を蓄積するまでもなく用を足せり、その先知神の如し。

【三十三】

翁曰く、世人家業と欲とを混じて其の辨別を知らざるものあり。故に家業を出精するを欲深しと思ふなり、大なる誤りと云ふべし。家業は出精せねばならぬ物なり、怠りては濟まぬものなり。欲は夫とは違ひ、押へねばならぬものなり。夫れ人皆家の業あり。官吏の國家の爲に盡力するは家業出精なり、教師の教育に勉强するも家業出精なり、僧侶の戒律を能く守るも家業出精なり、醫師の病者に心力を盡すも家業出精なり、農工商皆同じ、能く心得て思ひ混ふべからず。

【三十四】

翁曰く、予が生涯の業は、總て荒蕪を開くを以て勤めとす。彼の田畑の荒れたる、又負債多きと共に是れ國家の爲に生地にして、其の人の爲に荒地なり。又廢地鹿田公租と村費丈けの取穀あつて、作益なき田畑、又身體强壯にして怠惰に日を送る者、共に是れ自他の爲に荒地なり。資産あり金力ありながら國家の爲になることを爲さず、徒に驕奢に耽り、財寶を費すあり、是れ世上大なる荒蕪なり。又智あり才ありて遊藝に生涯を送るあり、是も世の中の荒蕪なり。是等數種の荒蕪は其の元心田荒蕪よりする物なれば、我が道は先づ心田の荒蕪を開くを先とすべし。心田の荒蕪を開きて後は田畑の荒蕪に及びて、此の數種の荒蕪を開きて熟田となさば、國の富强は掌を運らすが如くなるべきなり。

【三十五】

翁曰く、若き者は毎日能く勤めよ、是れ我が身に徳を積むなり。怠りなまけるを以て徳と思ふは大なる誤りなり、徳をつめば天より惠みあること眼前なり。今雇人を以て譬へん、彼の男は能く働きて眞實なり、來年は我が家に賴むべしといひ、能く勤むれば聟に貰ふべしと云ふに至るものなり。是に反する者は本年は取り極めたれば是非なし、來年は斷るべしと云ふ樣になるは眼前の事なり。無智短才なりとも能く謹み、能く顧み、身に過無き樣にすべし。過は則ち身の疵なり。古語に「身體髮膚之を父母に受く、敢て毀傷せざるは孝の始めなり」とあり。人過てば身の疵となる事を知らず、傷さへせざればよしと思ふは違へり。且つ過ちは身の疵なるのみならず父母兄弟の顏をも汚すなり、愼まざるべけんや。

【三十六】

翁曰く、凡庸の者は、繁多なることの記憶は出來兼ぬるものなり。譬へば此の茶碗十や二十は、誰にても數ふる事容易なれども、之を四百五百とする時は中々間違へぬ樣に數ふる事は出來ぬものなり。數多き物に番號を付ける時、二十や三十は間違ふ事なけれど、三百四百となると知らず〳〵間違ふ物なり。故に予は唯一理を明かにする事を尊むなり。一理誠に明かなれば萬理に通ず、天地の間最も知り難き道理は、言論能く雄辯の者の勝となるべし、故に孔子は一以て之を貫くと言はれた、り。卿等此處に眼を付けて能く思考せば、世界萬般の道理おのづから知らるべし。予が歌に「古道につもる木の葉をかきわけて、天照す神の足跡を見ん」、足跡を見る事を得ば萬理一貫すべし。然せずして徒らに仁は云々、義は云々と云ふ時は、之を聽くも之を講ずるも共に無益なり。餘は云ふに足らず、聞くに足らず。

【二十七】

門人某平日悟道論を喜んで、大悟は小節に拘泥せずと云へり。翁曰く、儒者は大行は細瑾を顧みずと云つて放埒なり、佛者は大悟は小節に拘はらずと云つて無賴なり、是れ道の罪人と云ふべし。何となれば徒らに此の爲にする事有つて古言を持出して、己れ大行もなく、大悟を夢に見ずして、忠言を防ぐの垣根となし、道を餝るの道具となして、人にほこりて大言を吐きて憚らざるは、大道の大罪人なり。汝等鼓を鳴らして之をせめて可なりと云はんのみ。

【二十八】

翁曰く、季候あしく、本年は凶歲にもならんかと云ふ樣なる模樣あれば、食料になるべきジヤガタラ芋を早く堀り取りて、直ちに明畑に肥して植付くべし。次に大根蕪なり。次に蕎麥なり。此の蕎麥を蒔く時に、そば種の中へ油菜の種を交ぜて蒔くべし。然する時は蕎麥實のりて刈取る時には菜も大きく成るなり、之を蕎麥と共に刈り取るも根も莖も殘りてあれば、害無し。そばを刈り取つて直ちに肥しをなし、中打手入れをすれば、忽ち菜畑となりて榮ゆる物なり。山畑などには必ず此の作法を用ふべし。

【三十九】

翁曰く、方位を以て禍福を論じ、月日を以て吉凶を說く事古よりあり。世人之を信ずれども、この道理あるべからず。禍福吉凶は方位日月などの關する所にあらず。之を信ずるは迷ひなり。悟道家は本來無東西とさへ云ふなり。夫れ禍福吉凶は己々が心と行ひとの招く所に來るあり、又過去の因緣に依りて來るもあり、或る智識の强盜に遭ひたる時の歌に「前の世の借りを返すか今貸すか、何れ報いは有るとしぞしれ」と詠める通りなるべし、必ず迷ふ事勿れ。夫れ盜賊は鬼門より入り來らず、悪日にのみ來らず、締りを忘るれば賊は入り來ると思へ。火の用心を怠れば火災起るべし。試に戸を明けて置いて見るべし、犬這入りて食物を求むるなり。是れ眼前なり。古語に曰く、積善の家に餘慶あり積不善の家に餘殃ありと是れ萬古を貫きて動かざる眞理なり、決して疑ふべからず、之を疑ふを迷と云ふ。夫れ米を蒔いて米實法り、麥を蒔いて麥實法るは眼前にて、年々歳々違はず、天理なるが故なり。世に不成日と云へるあり、されど此の日になす事隨分成就す。吉日なりとて爲せし事必ずしも成就するにあらず、吉日を選んで爲しゝ婚姻も離縁になる事あり、日を選まずして結婚したるに偕老するもあるなり。かゝる事は決して信ずべからず、信ずべきは積善の家餘慶ありの金言なり。されど餘慶も餘殃も速かに回り來るものにあらず、百日にして實法る蕎麥あり秋蒔いて來夏に實のる麥あり、諺に桃栗三年柿八年と云ふが如し。因果にも應報にも遲速ある事を忘るゝ事勿れ。

【三十】

翁曰く、本來東西無し、また過不及無しなど云ふは、平なる器を見て云ふ語なり、則ち本然の天理なり。既に一器あり、之に己あらば傾かざるを得ず、傾く時は其の器の中の水必ず前後左右に増減す。之を世に某は厚運某は薄運などゝ云ふなり、是れ某と云ふ己がある故なり。己なき時は東西も無く遠近も無く、過不及もなし。是れ本然の天理なり。古語に「天運循環して往いて復らざるなし」と云へり、是れ傾きたる器の水の増減するを云ふなり、某は厚運、某は薄運など云ふも則ち是なり、予が歌に「増減は器傾く水と見よ、あちらにませばこちらへるなり」皆此の通りなり。縦令蓋をするも只目に見えぬのみ、水の増減するは疑なし。今爰に薪を取りて自ら焚かずして賣る者は、賤しきが如しといへども、夫丈けの運を増すなり。此の錢にて酒を呑めば、又直ちに夫丈けの運を減らすなり。田野へ肥をする者は、眼前益無しといへども、秋に至れば實法り多し、此の時に則ち運をますなり。遊びなまけて田畑を麁作したる者は秋に至つて取實少し、爰に至つて運の減ずる事知るべし。皆明白にして愚夫愚婦といへども、此の道理は知るなるべし。此の道理を知つて能く勤むるは則ち道を悟りたるに同じ。是に於ては何を成すにも利益あるなり、是に反すれば何をなしても損失なり、誠に明白の理なり。

【三十一】

翁曰く、世界元吉凶禍福苦樂生滅なし、予が示せる一圓圖の如し。而して是あるは其の半に己と云ふ者を置いて隔つる故なり。人は云ふ、萬物土より生じて土に歸ると、是まだ盡くさず、眼前の論なり。是は江戸人が旅客は品川より出づると云ふが如し、其の出京は區々あるなり。艸木の春生育して秋枯るゝを見て、秋を無常といへども、農家にては秋實りを得て悦ぶなり。艸の上より見れば誠に無常なれども、種の上より見る時は有常なり。されば無常も無常にあらず、有常も有常にあらずと云ふべし。

【三十二】

某藩の重臣某氏、藩の財政の方法を問ふ。翁曰く、爰に十萬石の諸侯あり、之を木に譬ふれば、百姓は土際より木にある根の如し、幹と枝葉は藩中の如し。然れば十萬石と云ふ時は、其の領中一圓神主僧侶も乞食も皆此の中の物なり。此の十萬石を四公六民とする時は、藩が四分民が六分なり。然るに何方より賴談せらるとも、皆藩の財政のみを改革せんとせられ、領中の事に及ばるゝはなし。古語に「其の元亂れ末治まる者はあらず」とあり。其の元を捨て置いて、其の末のみを擧げんとするも、順序遂へば、勞するとも功無かるべし。眞に藩の疲弊を救はんとならば、民政も共に改革せらるべし。さ無き時は、木の根を捨て置いて枝葉に肥を施すが如し。是れ卿が尤も心を用ひらるべき所にて、卿が職務なり、歸藩の上能々勘考せらるべしと。某氏感服〱と云ひて去れり。

【三十三】

翁曰く、內に實ありて外に顯はるゝは、天理自然なり。內に實有りて外に顯れざるの理必ずなし。譬へば日暮に燈火を點ずるを見るべし、附木に火の付くや早や障子に火の影は移りて、外より家の內に燈火のある事の知らるゝなり。其の外深山の花木、泥中の鰌は自ら知らざる積りにても、人は早くも彼の山に花さきたり、此の泥中に鰌の居ると知るなり、思はざるべけんや。

【三十四】

翁曰く、商業の繁榮し、大家となるは、高利を貪らず、安價に賣るを以てなり。其の高利を貪らざるが爲に、國中の買人集り來るは當然の事なれど、賣る物も又之に集るは妙といふべし。買ふと賣るとの間に立ちて、高く買ひ安く賣るは、行ふべからず。然らば安く賣るは買ひ方も安かるべし、安く買ふ所に賣る者の集るは、實に妙なり。是れ皆双方に高利を貪らざるの致す所なり。高利を貪らざるのみにて、買ふ者も賣る者も共に集りて、次第に富を致す、是れ又妙なり。商家にして高利を貪らざるすら此の如し、然るを況んや我が方法は無利足なり尊ばざるべけんや。

【三十五】

翁曰く、佛說は誠に妙なり。日輪朝東方に出づる時の功德を藥師と名付け、中天に照す時の功德を大日といひ、夕陽の功德を阿彌陀と云へり。然れば藥師、大日、阿彌陀と云へど、其の實かゝる佛あるにあらず、皆太陽の功德を表せしなり。又大地の功德を地藏と云ひ、空中の功德を虛空藏と云ひ、世の音づれを觀する功德を觀世音と云へり。或問ふ、大地の功德大なり、虛空の功德も大なるべし。世音を觀ずる功德とは如何。翁曰く、商法などの類、總て世の音信を能く考へて利益を求むるを觀世音の力を念ずると云へるなり。觀は目にて見る字にはあらず、心眼に見るを云ふ字なり能く思ふべし〳〵。

【三十六】

翁曰く、農家は作物の爲めとのみ勤めて、朝夕力を盡し、心を盡す時は、自然願はずして穀物藏に滿つるなり。穀物藏にあれば呼ばずして魚賣りも來り、小間物屋も來り、何もかも安樂自在なり。又村里を見るに丈夫に住居の掃除も屆き、積肥澤山積み重ねたるは、何となく福々しき。其の家の田畑は隅々まで行屆き、出來平に、穗先揃ひて見事なるものなり。又之に反して出來不平にして穗先揃はず、稗あり艸あり、何となく見苦しき田畑の作主の家は、籬も破れ、家居は不潔なるものなり。又一種不精者の困窮ながらも家居は淸潔に住むあり、是は籬其の外も行き屆きたれど、家に俵なく、農具なく、庭に積肥なく、何となくさみしきものなり。又人氣和せざる村里は四壁の竹木も不揃にて、道路惡敷く堰用水路に笹茂るなど見苦しきものなり、大凡そ違はじ。

【三十七】

翁曰く、因果の理を此の柿の木の上にて說かんに、柿の實を見よ、人の食となるか、鳥の食となるか、落ちて腐るか、未だ其の將來は知れざる以前、枝葉の陰にある時の精力の運びに因り熟するに及んで、市に出して賣らるゝ時、三厘になり五厘になり、一錢になるあり。其の始めは同じ柿にして、熟するに隨つて此の如く區々に價値の異なるは、是れ皆過去枝にある時の精力の運び方の因緣に依るなり。天地間の萬物皆同じ。隱微の中に生育して、而して人に得られて、其の德をあらはすなり。人又此の如し、親の手元にある時、身を修めて諸藝を學び、能く勤めたる其の德に依りて一生の業は立つなり。凡人少壯の時、能く學べばよかつたと後悔心の出づるは、柿の市に出て後に、今少し精氣を運んで、太く甘くなればよかつたと思ふに同じ、後悔先に立たぬなり。古人前に悔めと數へたるあり、若輩者能く思ふべし。

故に修行は入るか入らぬか、用に立つか、用にたゝぬか知れぬ前に、能く學びおくべし、然せざれば用に立たぬものなり。柿も枝葉の間にある時、太くならざれば市に出て仕方なきに同じ。此れ則ち因果の道理なり。

【三十八】

翁曰く、佛は諸行無常と云へり、世上に諸の行はるゝ物は、皆常に無き物なり。然るを有ると見るは迷ひなり、汝等が命、汝等が體皆然り、長短遲速は有りといへども皆有るにはあらず、有ると思ふは迷ひなり。本來は長短もなし、遲速もなし、遠近もなし、生死もなし。蜉蝣の一時を短しと見、鶴龜の千年を長しと思ふが如き是れ皆迷ひなり。然りといへども、此の理は見え難し。凡人に之を見するは遠近のみ、是は我が悟道の入門なり。「見渡せば遠き近きは無かりけり、己々が住處にぞよる」、見渡せば生死生滅無かりけり、見渡せば善きも惡しきもなかりけり、見渡せば憎いかはゆい無かりけり、この歌を感ずる時は其の道理知らるべきなり。夫れ生と云ふも死と云ふも、共に無常にして頼みにならぬ事は明白なり。氷と水とを見よ、何をか生と云ひ、何をか死と云ふ。水は寒氣に感じて氷となり、氷は暖氣に感じて水となる。今朝寒しといへども一朝暖氣なれば速かに消ゆ、之を如何せん、水か氷か、氷か水か、生か死か、死か生か、何をか生と云はん、何をか死と云はん、諸行無常なる事知らるべし。然して又無常も無常にあらず、有常も有常にあらず、惜しい、欲しい、憎い、かはゆい、彼も我も皆迷ひなり。此の如く迷ふが故に三界城と云ふ。堅固な物が出來て人を恨み、人を妬み、人をそねみ、人に憤り、種々の惡果を結ぶなり。之を諸行無常と悟る時は、十方空となりて恨みも、妬むも、惡むも、憤るも馬鹿〳〵しくなるなり。是の所に至れば自然怨念死靈も退散す。之を悟りと云ふ。悟るを成佛と云ふなり、玩味して悟門に入るべきなり。

【三十九】

翁曰く、古語に曰く、功成り名遂げて身退くは天の道なりと云へり、天道誠に然り。然りといへども是を人道に行ふ時は智者といふべくして、仁者とは云ふべからず。如何となれば全く能く盡すと云ふに至らざればなり。

【四十】

齋藤高行曰く、儒者佛者に問ふて曰く、地獄の釜は誰が作りしぞと。佛者答へて、郭公が掘出せし黄金の釜と同作なりといへり、面白き咄に候はずやと。翁曰く、面白し　されど智者の言にして仁者の言にあらず、稱するに足らず。

【四十一】

翁曰く、論語に己に如かざる者を友とする事勿れとあるを、世に取違へる人あり。夫れ人々皆長ずる所あり、短なる所あるは各々免れ難きなり。されば其の人の長ずる所を友として、短なる所を友とする事勿れの意と心得べし。譬へば其の人の短なる事をば捨て、其の人の長所を友とするなり。多くの人には短才の人にも手書きあるべし、世事には疎きも學者あるべし、無學にも世事に賢こきあるべし、無筆には農事に精しき有るべし、皆其の長所を友として短所を友とすること勿れの意なり。

【四十二】

翁曰く、心狹く局りては、眞の道理を見る事能はざる物なり。夫れ世界は廣し、故に心をば廣く持つべし。されども其の廣き世界も己と云ひ、我と云ふ私物を一つ中に置いて見る時は、世界の道理は其の己に隔てられて、其の見る所は皆半になるなり。己と云ふ物にて半分を見る時は、借りたる者は返さぬ方が都合よく、人の物を盜むは尤も都合よかるべけれど、此の隔てなる己と云ふ物を取り捨て、廣く見る時は、借りたる物は返さねばならぬと云ふ道理が明らかに見え、盜むと云ふ事は惡事なる事も明らかに分るなり。故に此の己と云ふ私物を取り捨てるの工夫が專一なり。儒も佛も此の取捨て方を敎ふるを專一とす。論語に己に克ちて禮に復れと敎へたるも、佛にては見性といひ、悟道といひ、轉迷と云ふ。皆此の私を取り捨てるの修行なり。此の私の一物を取り捨てる時は、萬物不生不滅不增不減の道理も又明かに見ゆるなり。如此明白なる世界なれども、此の己を中間に置きて彼と是とを隔つる時は、直ぐ其の座に得失損益增減生滅等の種々無量の境界現出するなり、恐るべし。然れども是れ又是非なき次第なり。其は豆の艸になる時は、豆の實を見る事能はず、豆の實になる時は、豆の草は出來ざる世界なる故に、萬物の靈なる人といへども、免れ難きなり。此の免れ難きを免るゝを悟りといひ、免れざるを迷ひと云ふなり。予が戯れに詠める歌に「穀物の夫食となるも味も香も、草より出でゝ草になるまで」百艸の根も葉も枝も花も實も種より出で、種になるまで此の理を見るの一つのみ呵々。

【四十三】

翁曰く、我が道は勤儉讓の三つにあり。勤とは衣食住になるべき物品を勤めて産出するにあり、儉とは産出したる物品を費さゞるを云ふ、讓は此の三つを他に及ぼすを云ふ。扨て讓は種々あり、今年の物を來年の爲に貯ふるも則ち讓なり、夫より子孫に讓ると、親戚朋友に讓ると、郷里に讓ると、國家に讓るなり、其の身〳〵の分限に依つて勤め行ふべし。たとひ一季半季の雇人といへども、今年の物を來年に讓ると、子孫に讓るとの讓りは、必ず勤むべし。此の三つは鼎の足の如し、一をも缺くべからず、必ず兼ね行ふべし。

【四十四】

或問ふ。今日中庸の講釋を聞けり、誠に六ケ敷き講釋にて、聞いても分らず。喜怒哀樂の未だ發せざる之を中と云ふとは如何なる道理なるや。翁曰く、是は尤も六ケ敷き道理なり、されど之を他物に移して說く時は了解出來る物なり。之を艸木にて云はゞ、根幹枝葉未だ發せざる之を種と云ふと見るべし、之を艸木に移して然る後に中と云ふの何物なるやを考ふるを近道とす、如何に分りたるや。或人感拜して歸れり。

【四十五】

翁曰く、世の人とかく小事を厭ひて大事を欲すれども、本來大は小の積りたるなり。されば小を積んで大をなすの外に術はなきなり。夫れ國中の田は廣大無邊無數なり、然るに其の田地は皆一鍬づゝ耕し、一株づゝ植ゑ、一株づゝ刈り取るなり。其の田一反を耕す鍬の數三萬以上なり、其の稻の株數は一萬五千內外なるべし、皆一株づゝ植ゑて一株づゝ刈るなり。其の田より實法りたる米粒一升の數は六萬四千八百餘あり。此の米を白米にするには、一臼の杵の數、千五六百以上なり。其の手數思はざるべけんや、小の勤めざる可からざる知るべきなり。

【四十六】

翁曰く、學者皆大學の三綱領と云ふといへども、至善に止るの至善とは如何なるや、明かならず。予はひそかに其の實は二綱領なるべしと愚考せり。如何となれば明德を明かにするは道德の至極なり、民を新にするは、國家經綸の至極なり。其の上に至善に止るといへども明々德と新民との外に至善とさす物はあるまじと思へばなり。仍つて三綱領と云ふといへども其の實二綱領と心得て可なり。

【四十七】

翁日光御神領の興復法の取調帳數十卷を指して曰く、夫れ此の興復仕法計算は獨り日光のみにはあらず、國家興復の計算なり。日光神領の文字誠に妙なり、世界の事と見て可なり。されば此の帳簿は計算帳と見るべからず、是れ皆一々悟道して天地自然の理なり。夫れ天地は晝夜變滿して違ひなく、僞りなし。而して算術又然り、故に算術をかりて、世界の變滿するは此の如き道理なれば決して油斷は出來ぬぞと示して誡めしなり。此の帳を開かば神の一を何になりとも定めて見るべし。善なり、惡なり、邪なり、正なり、直なり、曲なり、何なりとも定め置いて見る時は、元に仍つて利を生み、利が返りて又元となり、其の元に利が付き繰返し〲佛說に云ふ因果〲と引續きて絕えざる事、年々歲々此の如し。譬へば每朝己れ先に眼を覺して人を起すか、又人に每朝起さるゝか、是の一事にても知るべし。人世は一刻勤むれば一刻丈け、一時働けば一時丈け、半日勵めば半日丈け、善惡邪正曲直皆此の計算の如く、一厘違へば一厘丈け、五厘違へば五厘だけ、多きは多きだけ、少なきは少なきだけ、此の通りと皆百八十年間明細に調べ上げたり。朝早く起きたる因緣によりて麥が多く取れ、麥が取れた因緣によりて田を多く作り、田を多く作りたる因緣によりて馬を買ひ、馬を買ひ求めたる因緣によりて田畑が能く出來、田畑が能く出來たる因緣によりて田が殖え、田が殖えたる因緣によりて金を貸し、金を貸したる因緣によりて利が取れる。年々此の如くなるに依つて富有の者となるなり。而して富有者の貧困になりゆくも又此の道理なり。原野の艸、山林の木の生長も又

同じ理なり　春延びたる力にて秋根を張り　秋根を張りたる力を以て、春延び、去年延びたる力を以て今年太り、今年太りたる力を以て來年又太るなり、天地間の萬物皆然り。是を理論にて云ふ時は、種々の異論ありて面倒なれば、予は算術をかりて示せるなり。算術にて示す時は、如何なる悟道者も、いかなる論者も一言あらず。天地開闢の昔、人も禽獸も未だ無き時より、違ひ無き物を以て證據として、天地間の道理は此の如き物ぞと、知らしめたるなり。決して此の帳を計算と見る事勿れ。夫れ數は免るゝ事能はず　此の數理によりて道理を悟るべし、是れ悟道の捷徑なり。辨算和尚傍らにありて曰く、是ぞ眞の一切經なる。仰ぐべし尊ぶべしと。

【四十八】

翁曰く、國に上中下あり、上國の土又上中下あり、下國の土又上中下あり、或は上と云ひ、或は下と云ふ、名は同じといへども、所を異にすれば、其實又大いに異なる。如何となれば、下國の所謂上田は、上國の下田にだもしかず、況んや中下におけるをや。上國の下田は、下國の上田に比すれば勝れる事遠し、況んや中上に於けるをや。而して下國上田の租税は、上國の下田の租税に倍して、稍上田の租に近し。上國の下田の租税は、下國の上田の租税に比すれば、其半にして下田の租に近し、諸役錢高掛りも又是に準ず。是れ上國の民ますく富饒にして、下國の人民離散逃亡を免れざるゆゑんなり。野常の土瘠薄にして利少し、其の上田は上國の下田の如し、然らば則ち上國の下田の取箇を以て、下國の上田の取箇となし、中下も亦是に隨つて、其の租數を定むれば、富榮上國に如かずといへども、何ぞ廢亡此の如きに到らんや、上たる者尤も心を用ひずば有る可からざる所なり。

福住 正兄〈ふくずみ・まさえ〉

幕末・明治前期の農政家。二宮尊徳の高弟。一八二四年（文政七）相模国大住郡片岡村（神奈川県平塚市片岡）の地主・大沢市左衛門の五男に生まれる。四五年（弘化二）尊徳の門に入る。やがて箱根湯本の旅館福住楼に養子に入り、報徳思想で家業を再興する。小田原藩校集成館で国学を講じつつ、報徳社の設立など報徳運動を指導した。九二年（明治二五）没す、寿六十九歳。著作に『二宮翁夜話』『二宮翁道歌解』『富国捷径』『報徳学内記』など。

二宮翁夜話（にのみやおうやわ）
福住正兄 著
二〇二三年五月二十二日初版
土曜社 渋谷区猿楽町一一-二〇

本　は　土　曜　社

西暦	著　者	書　名	本　体
2012	アルタ・タバカ	リガ案内	1,991
	坂口恭平	*Practice for a Revolution*	1,500
	ソロスほか	混乱の本質	952
2012	坂口恭平	*Build Your Own Independent Nation*	1,100
2013	黒田東彦ほか	世界は考える	1,900
	ブレマーほか	新アジア地政学	1,700
2014	安倍晋三ほか	世界論	1,199
	坂口恭平	坂口恭平のぼうけん　一	952
	meme（ミーム）	３着の日記	1,870
2015	ソロスほか	秩序の喪失	1,850
	坂口恭平	新しい花	1,500
2016	ソロスほか	安定とその敵	952
2019	川﨑智子・鶴崎いづみ	整体対話読本　ある	1,850
2020	アオとゲン	クマと恐竜（坂口恭平製作）	1,500
2021	川﨑智子	整体覚書　道順	895
	川﨑智子・鶴崎いづみ	体操をつくる	1,700
	増田悦佐	クルマ社会・七つの大罪	2,998
2022	川﨑・鶴崎・江頭	整体対話読本　お金の話	1,850
	川﨑智子	整体覚書　道程	895
2023	鶴崎いづみ	私のアルバイト放浪記	1,998
年二回	ツバメノート	Ａ４手帳	1,199

本　の　土　曜　社

西暦	著　　者	書　　名	本　体
1923	マヤコフスキー	これについて	952
1924	マヤコフスキー	ヴラジーミル・イリイチ・レーニン	952
1925	頭　山　満	大西郷遺訓	795
1927	マヤコフスキー	とてもいい！	952
1928	マヤコフスキー	南　京　虫	952
	マヤコフスキー	私　自　身	952
1929	マヤコフスキー	風　　呂	952
1930	永瀬牙之輔	す　し　通	795
	福沢桃介	財界人物我観	1,998
1932	二木謙三	完全営養と玄米食	999
1936	ロ　ル　カ	ロルカ詩集	2,000
1939	モ　ー　ロ　ワ	私の生活技術	999
1939	大川周明	日本二千六百年史	952
1942	大川周明	米英東亜侵略史	795
1952	坂口安吾	安吾史譚	795
1953	坂口安吾	信　　長	895
1955	坂口安吾	真書太閤記	714
1958	池島信平	雑誌記者	895
1959	トリュフォー	大人は判ってくれない	1,300
1960	ベ　ト　ガ　ー	熱意は通ず	1,500
1963	プ　ラ　ス	シルヴィア・プラス詩集	近刊
1964	ハスキンス	*Cowboy Kate & Other Stories*	2,381
	ハスキンス	*Cowboy Kate & Other Stories*（原書）	79,800
	ヘミングウェイ	移動祝祭日	714
	神吉晴夫	俺は現役だ	1,998
1965	オリヴァー	ブルースと話し込む	1,850
1967	海音寺潮五郎	日本の名匠	795
1968	岡潔・林房雄	心の対話	1,998
1969	岡潔・司馬遼太郎	萌え騰るもの	595
	岡　　潔	日本民族の危機	1,998
	オリヴァー	ブルースの歴史	5,980
1971	シ　フ　マ　ン	黒人ばかりのアポロ劇場	1,998
1972	ハスキンス	*Haskins Posters*（原書）	39,800
1991	岡崎久彦	繁栄と衰退と	1,850
2001	ボーデイン	キッチン・コンフィデンシャル	1,850
2002	ボーデイン	クックズ・ツアー	1,850

土　曜　社　の　本

西暦	著　者	書　名	本　体
1713	貝原益軒	養　生　訓	895
1791	フランクリン	フランクリン自伝	1,850
1812	水野南北	修　身　録	1,399
1815	酒井抱一	光琳百図　全四巻	各1,500
1834	二宮尊徳	三才報徳金毛録	999
1856	富田高慶	報　徳　記	2,998
1884	福住正兄	二宮翁夜話	2,998
1886	ランボオ	イリュミナシオン	2,200
1894	渋沢栄一	雨　夜　譚（あまよがたり）	895
1896	富田高慶	報　徳　論	近刊
1897	勝　海　舟	氷川清話	895
1900	福住正兄	二宮翁道歌解	近刊
1903	二宮尊親	報徳分度論	近刊
1904	岡倉天心	日本の目覚め	714
1906	岡倉天心	茶　の　本	595
1911	柳田國男	名字の話	595
1914	マヤコフスキー	悲劇ヴラジーミル・マヤコフスキー	952
1915	マヤコフスキー	ズボンをはいた雲	952
1916	マヤコフスキー	背骨のフルート	952
	マヤコフスキー	戦争と世界	952
1917	マヤコフスキー	人　　間	952
	マヤコフスキー	ミステリヤ・ブッフ	952
1918	アポリネール	アポリネール詩集	近刊
1919	大　杉　栄	獄　中　記	952
1920	マヤコフスキー	一五〇〇〇〇〇〇〇	952
1922	マヤコフスキー	ぼくは愛する	952
	マヤコフスキー	第五インターナショナル	952
	エリオット	荒　　地	2,000
	大川周明	復興亜細亜の諸問題　上・下	各495
1923	大　杉　栄	日本脱出記	952
	大　杉　栄	自　叙　伝（新装版）	1,998
	大　杉　栄	大杉栄書簡集	1,850
	伊藤野枝	伊藤野枝の手紙	1,850
	山　川　均ほか	大杉栄追想	952
	大　杉　栄	*My Escapes from Japan*（日本脱出記）	2,350
	マヤコフスキー	声のために（ファクシミリ版）	2,850